AUTOR: HELGA HOFFMANN | FOTOS VON VERSCHIEDENEN TIERFOTOGRAFEN

# KATZENSPRACHE

AF285727

# INHALT

## 40 VON KATZE ZU MENSCH

## EXTRAS

**Umschlagklappen:**
Verhaltensdolmetscher
SOS – was tun?
Schon gewusst?

## DIE GU-QUALITÄTS-GARANTIE

Wir möchten Ihnen mit den Informationen und Anregungen in diesem Buch das Leben erleichtern und Sie inspirieren, Neues auszuprobieren. Bei jedem unserer Produkte achten wir auf Aktualität und stellen höchste Ansprüche an Inhalt, Optik und Ausstattung. Alle Informationen werden von unseren Autoren und unserer Fachredaktion sorgfältig ausgewählt und mehrfach geprüft. Deshalb bieten wir Ihnen eine 100 %ige Qualitätsgarantie.

**Darauf können Sie sich verlassen:**
Wir legen Wert auf artgerechte Tierhaltung und stellen das Wohl des Tieres an erste Stelle. Wir garantieren, dass:
- alle Anleitungen und Tipps von Experten in der Praxis geprüft und
- durch klar verständliche Texte und Illustrationen einfach umsetzbar sind.

**Wir möchten für Sie immer besser werden:**
Sollten wir mit diesem Buch Ihre Erwartungen nicht erfüllen, lassen Sie es uns bitte wissen! Wir tauschen Ihr Buch jederzeit gegen ein gleichwertiges zum gleichen oder ähnlichen Thema um. Nehmen Sie einfach Kontakt zu unserem Leserservice auf. Die Kontaktdaten unseres Leserservice finden Sie am Ende dieses Buches.

GRÄFE UND UNZER VERLAG
*Der erste Ratgeberverlag – seit 1722.*

# KATZEN UNTER SICH

Katzen schnurren und fauchen, sie buckeln und räkeln sich, reiben die Köpfe und wetzen ihre Krallen. Die Katzensprache ist vielfältig und zeigt, in welcher Stimmung Mieze ist und was sie beabsichtigt.

## Das Wörterbuch der Katzensprache

Anders als wilde Hunde oder Wölfe, die in Rudeln herumlaufen, durchstreifen Katzen einzeln ihr Revier. Das heißt aber nicht, dass sie keinen Kontakt mit ihresgleichen haben. Ganz im Gegenteil: Sie sind sogar ausgesprochen kommunikativ. Allerdings erfolgt der Informationsaustausch häufig so, dass wir Menschen nichts davon mitbekommen.

### Mehrsprachige Tiere

Wenn wir von »Sprache« reden, denken wir vor allem an Lautäußerungen – so kennen wir es aus der Menschenwelt. Darüber hinaus kennen wir die Zeichensprache, bei der die Informationen über optische Signale übermittelt werden. Katzen beherrschen beiderlei Arten: Sie verständigen sich durch Töne, aber auch durch Körperhaltungen und Mimik. Und damit nicht genug: Katzen verfügen noch über eine dritte Sprache, die »Duftsprache«. Doch diese Duftwelt bleibt uns Menschen mit unserem ungleich schwächeren Geruchssinn weitgehend verborgen.

### Übersetzung ist nötig!

Gegenseitiges Verstehen ist aber eine wichtige Voraussetzung für ein harmonisches Zusammenleben. Das gilt für zwei Menschen ebenso wie für Katze und Mensch. Nachdem uns ein wortwörtliches Verstehen der Tiersprache nach Art des Dr. Doolittle nicht möglich ist, müssen wir lernen, die Katzenlaute und -zeichen richtig zu interpretieren. Richtig, das heißt im Sinne der Katze. Dies setzt voraus, dass es uns gelingt, die Welt gewissermaßen mit den Augen der Katze zu sehen und auf Katzenart zu denken. Sehen wir uns auf den folgenden Seiten daher zunächst an, wie die Samtpfoten sich mit ihresgleichen austauschen.

# Das Lautrepertoire der Katzen

Fragen Sie einmal ein kleines Kind: »Wie macht die Katze?« Stolz auf sein Wissen wird es antworten: »Miau!« Doch wer mit Katzen lebt, weiß, dass weit mehr aus Miezes Kehle dringt. Ihr Spektrum reicht von zärtlich anmutenden Plaudertönen bis zu kläglichem Maunzen, von wohligem Schnurren bis zu markerschütterndem Kreischen. Man braucht als Mensch nicht lange, um das Katzenvokabular zu verstehen, zumal der Tonfall meist für sich spricht. Amerikanische Wissenschaftler, die zahlreiche Tonbandaufnahmen auswerteten, kamen zu dem Schluss, dass die Hauskatze über das größte Lautrepertoire aller Lebewesen, ausgenommen der Menschen, verfügt. Sie liegt in der Rangliste so weit vorn, weil sie sozusagen zwei Sprachen beherrscht: die Erwachsenen- und die Babysprache.

Die Augen zugekniffen, die Pfoten eingeschlagen, so sitzt Ihre Katze in der Sonne und schnurrt leise vor sich hin. Ein Bild des Wohlbehagens!

**Miauen** Katzenkinder verständigen sich mit ihrer Mutter durch ganz bestimmte Laute, allen voran das Miauen. Sie teilen ihrer Mutter dadurch mit, dass sie sich in einer misslichen Lage befinden. Es kann sein, sie haben Hunger oder fürchten sich vor irgendetwas, es ist aber auch möglich, sie haben sich verlaufen oder beim Klettern verstiegen. Immer heißt das klägliche »Miau!«, Mama möge doch bitte ganz schnell helfen (→ Tabelle rechts).

In der Natur geben heranwachsende Katzen diese Babysprache bald auf und ersetzen sie durch ein Erwachsenenvokabular. Unsere Stubentiger indes behalten im Umgang mit uns Menschen das babyhafte »Miau« ihr ganzes Leben lang bei, ja, sie fügen sogar noch Varianten und Nuancen hinzu (→ Seite 42). Zusätzlich aber benützen sie gegenüber ihresgleichen die typischen Laute, mit denen sich erwachsene Katzen untereinander verständigen. Alles zusammengenommen ergibt dies ein ziemlich dickes Wörterbuch.

**Gurren** Ein sanftes, kehliges Gurren, lockend und verführerisch, lässt eine rollige Kätzin hören, die einen Bewerber umgarnt. »Komm! Komm her zu mir!« kann man das Geräusch vielleicht übersetzen. Auf jeden Fall verheißt sie dem auserwählten Kater damit etwas Angenehmes.

Mit demselben Laut lockt eine Katzenmutter ihre Jungen herbei, wenn sie sich im Nest niederlässt, um eine Runde Milch zu spendieren, oder wenn sie mit einer erbeuteten Maus nach Hause kommt. Wieder verspricht ihr Gurren nur Gutes und Erfreuliches. Rasch lernen die Katzenkinder, dass es sich stets lohnt, auf das Gurren der Mutter hin unverzüglich herbeizueilen.

**Katerschmeicheleien** Auch Kater beherrschen die Kunst der leisen Töne. Wenn sie bei der Brautwerbung ihre Angebetete umschmeicheln, ziehen sie alle Register des Liebesliedes. Sie maunzen ganz leise und melodisch, so sanft, dass jedes Damenherz einfach dahinschmelzen muss.

**Schnattern** Ein eigentümliches Verhalten, das bei meiner Tochter jedes Mal einen Lachanfall auslöst, wenn unsere Katze es zeigt. Lassen Sie die Katze zum Beispiel am Fenster sitzen, und draußen ist in nächster Nähe eine Meise oder Amsel zu sehen. Schon strafft sich ihr Körper, und sie fängt voller jagdlicher Anspannung an zu schnattern. Nicht etwa laut wie eine Ente, sondern stimmlos. Es hört sich an wie eine Mischung aus raschem Schmatzen und Zähneklappern. Ein rätselhaftes Tun, vor allem im Hinblick auf die Situation. Eine jagende Katze sollte sich doch besser ruhig verhalten, möchte man meinen. Doch haben die Verhaltensforscher Hinweise darauf, dass der (relativ leise) Laut von der Mutterkatze benutzt wird, um beim Jagdtraining ihre halbwüchsigen Jungen auf ein Beutetier aufmerksam zu machen.

## Der Motor des Wohlbefindens

Das behagliche, im Atemrhythmus an- und abschwellende Schnurren einer zufriedenen Katze ist für uns zu einem Synonym des Wohlbefindens geworden. Lange rätselten die Wissenschaftler, wie die Katze diesen wohligen Laut zuwege bringt. Bis ins Letzte ist dieses Geheimnis noch nicht gelüftet. Klar ist, dass das Schnurren in der Kehle entsteht, auch wenn der ganze Leib mitvibriert. Legen Sie einer schnurrenden Katze Ihre Finger sanft an die Kehle, dann Sie haben den Beweis. Eine körperliche Voraussetzung für die Fähigkeit zu schnurren ist offenbar, dass das Zungenbein der

### Was »Miau« alles heißen kann

| »MIAU« | ÜBERSETZUNG |
|---|---|
| KLÄGLICHES »MIAU« EINES KLEINEN KÄTZCHENS | »Wo bist du, Mama? Ich kann dich nicht mehr sehen und nicht mehr hören. Ich will ganz schnell zurück zu dir. Hol mich bitte sofort hier ab. Ich habe Angst!« |
| ÄNGSTLICHES »MIAU«, DAS SICH ALLMÄHLICH STEIGERT | »Hiiiilfe! Ich sitze hier fest und komme allein nicht mehr weg. Ich kann weder vor noch zurück. Irgendjemand muss mich ganz schnell von diesem hohen Baum herunterholen!« |
| HOHES, QUIETSCHENDES »MIAU« BEIM RAUFEN | »He, das hat jetzt aber wirklich wehgetan! Sei gefälligst nicht so grob, sonst spiele ich nicht mehr mit dir! So macht das keinen Spaß!« |
| PENETRANTES »MIAU«, WENN MUTTER MIT BEUTE HEIMKOMMT | »Ich! Ich! Ich! Ich war zuerst da! Ich hab am längsten gewartet! Ich hab den größten Hunger! Vorher haben die anderen viel viel mehr abgekriegt! Glaub mir's, Mama! Ich! Ich! Ich!« |

Katze vollständig verknöchert ist. Jedenfalls können Großkatzen wie Löwe und Tiger, Leopard und Jaguar mit ihrem nur teilweise verknöcherten Zungenbein zwar laut brüllen, aber nicht schnurren. Eine entscheidende Rolle spielt darüber hinaus eine anatomische Besonderheit im Kehlkopf der Katze: Neben den normalen Stimmbändern verfügen die Tiere noch über sogenannte falsche Stimmbänder, eine Art Hautfalte im Kehlkopf. Das Schnurren, so erklären die Biologen, entsteht dadurch, dass der beim Ein- und Ausatmen über die Falte streichende Luftstrom durch winzige Kontraktionen der Kehlkopfmuskeln unterbrochen wird, und zwar etwa 30-mal pro Sekunde. Im Grunde ist diese Lautäußerung vergleichbar mit dem leisen Schnarchen mancher Menschen im Schlaf – nur erfolgt es im Fall der Katze willentlich und im Wachzustand. Katzenbabys können bereits schnurren, ehe sie die Augen öffnen. Sie signalisieren ihrer Mutter damit, dass sie sich rundherum wohlfühlen. Vor allem ist das natürlich der Fall, wenn sie an Mutters Milchbar dürfen. Wie gut, dass man zum Schnurren das Mäulchen nicht aufzumachen braucht. Die Mutterkatze schnurrt zurück, um ihrerseits den Kleinen zu sagen: »Es ist alles in Ordnung.«

## Angst und Aggression

Nicht immer geht es in der Katzenwelt so friedlich zu. Und auch die Konflikte werden von Lautäußerungen begleitet. Ebenso wie bei uns Menschen nimmt die Lautstärke immer weiter zu, je heftiger die Auseinandersetzungen werden.

**Fauchen** Der scharfe, stimmlose Fauchton, den eine Katze ausstößt, wenn sie verärgert ist, sich bedroht fühlt oder erschrocken ist, bedarf keiner Übersetzung. Er ist universell verständlich, für Artgenossen ebenso wie für Nicht-Katzen: »Pass auf, Freundchen! Gleich werde ich dir zeigen, dass mit mir nicht zu spaßen ist.«

**Spucken** Noch mehr Eindruck auf das Gegenüber macht das sogenannte Spucken, ein kurzer Fauchton, der mit einem harten »K« beginnt. Der Schreckeffekt beim Gegenüber ist meist beträchtlich. Wer jetzt nicht zurückfährt, bekommt im nächsten Augenblick die Krallen zu spüren.

Die Ohren liegen flach, die Pupillen bilden enge Spalten: Dieses zornige Fauchen ist ernst gemeint.

Spielerisches Balgen gehört zum Alltag von Katzengeschwistern. Ein kurzes Quieken zeigt dem Spielkamerad, dass er nun zu grob geworden ist.

Alles hat Grenzen, auch der Spielspaß! Missachtet der Überlegene die Schmerzsignale des andern, gibt's lautstarken Protest und Krallenhiebe.

**Knurren** Wenn eine Katze ein Beutetier oder einen besonders begehrten Futterbrocken im Maul hat und sich ihr ein Artgenosse in eindeutiger Absicht nähert, kann sie auch aus tiefster Kehle knurren wie ein Hund. Die Zähne bleiben dabei fest um die Beute geschlossen. Das Knurren zeigt dem Kollegen unmissverständlich an, dass Mieze unter keinen Umständen gewillt ist, ihren Schatz zu teilen.

**Jaulen und Kreischen** Sind auf ihren Streifzügen durchs Revier zwei Kater aneinandergeraten, die nicht gut aufeinander zu sprechen sind, machen sie ihrem Unmut äußerst lautstark Luft. Besonders oft ist ein solches Geschrei in Spätwinternächten zu hören, wenn sich zwei Kater bei der Brautschau gegenseitig in die Quere gekommen sind. Mit »Liebesgesängen« haben die phonstarken Stimmduelle nichts zu tun. Die Botschaft ist eindeutig an den Rivalen gerichtet: »Hau ab, oder es setzt was!« Aber auch Kätzinnen, die ihre Revierrechte verteidigen, können eindrucksvoll laut kreischen und in auf- und abschwellender Tonlage schreien.

**Kehliges Heulen** Gelegentlich kommt es vor, dass eine unserer Samtpfoten Töne von sich gibt, als würde ein Hund den Mond anjaulen. Zum Beispiel, wenn sie in der Zimmerecke sitzt und sich ein dominanter Artgenosse direkt vor ihr aufgebaut hat. Oder wenn an selber Stelle ein Mensch mit der verhassten Transportbox auf sie zukommt. Am besten verständlich wird der seltsam singende Heulton, wenn man die Körperhaltung der Katze dabei sieht: den Körper geduckt und an die Wand gedrückt, die Ohren maximal angelegt. Das Tier hat also Angst. Dabei ist es aber so in die Enge getrieben, dass es sich nicht aus dem Staub machen kann. Das Geheule heißt dann nichts anderes als: »Oh Mann, mir schlottert die Hose! Aber so groß die Angst auch ist – mein Mut reicht allemal noch, dir ordentlich die Krallen reinzuhauen, solltest du nur noch einen Schritt näher kommen.« Lässt die Bedrohung nicht nach, ist damit zu rechnen, dass Mieze ernsthaft handgreiflich wird, fallweise auch ohne nochmalige Warnung durch Fauchen.

# Mit vollem Körpereinsatz

So vielseitig Katzen in ihren Lautäußerungen sind: Sie können auch sehr, sehr leise sein. Und dies nicht nur beim Anschleichen an eine Beute, sondern auch im Umgang mit Artgenossen. Genau genommen können sie sich lautlos miteinander unterhalten. Erwachsene Katzen verständigen sich großteils in einer reinen Gebärdensprache. Eine kleine Geste, ein deutlicher Blick, dazu Ohren und Schwanz als Signalflaggen – und alles ist klar.

### Körperhaltung und Mimik

Sowohl mithilfe der Mimik als auch mit ihrer ganzen Körperhaltung kann Mieze ihre Stimmung und ihre Absichten eindeutig zum Ausdruck bringen. Die Körperhaltung ist dabei das deutlichere Signal. Sie gibt dem Gegenüber schon auf einige Distanz Aufschluss darüber, mit wem er es zu tun hat. Rang und Selbstbewusstsein lassen sich ebenso daraus ablesen wie Miezes aktuelle Laune. Die Mimik hingegen, die ja erst beim Näherkommen erkennbar wird, dient eher der Feinanzeige. Selbst leichte Stimmungsnuancen zeigen sich in den Gesichtszügen einer Katze – für den, der darin zu lesen versteht (mehr dazu → Seite 14/15).

### In guten wie in schlechten Launen

So manche Körperhaltungen der Katze sprechen für sich und sind auch für uns Menschen ohne Weiteres zu verstehen. Wenn unser Stubentiger zum Beispiel völlig entspannt auf dem Sofa liegt und alle viere genießerisch von sich streckt. Oder wenn er sich geduckt, ja beinahe »kriecherisch« zu verdrücken sucht. Oder wenn er selbstbewusst und erhobenen Hauptes mitten durchs Zimmer schreitet. Andere Situationen bedürfen schon einiger Katzenerfahrung, um sie richtig zu interpretieren. Ihre Marilyn etwa sitzt aufrecht auf ihren Hinterkeulen, die Vorderpfötchen adrett nebeneinandergestellt, den Schwanz apart um sich herumgeringelt? Dann haben Sie eine gut gelaunte Katzendame vor sich, die ausgeruht und voller Tatendrang ist.

Ihr Kater Django hingegen kauert geduckt auf dem Sideboard, die Vorderpfoten eng unter die Brust gestellt. Entweder ist er beunruhigt, oder er hat einfach schlechte Laune. Aus dieser Haltung heraus kann er jederzeit aufspringen und weglaufen oder aber eine Krallenpfote hervorschnellen lassen, sollte ihm ein missliebiger Zeitgenosse zu nahe kommen. Andere Katzen erkennen die subtilen Signale

Die eng unter den Körper gestellten Vorderbeine zeigen, dass die Katze »auf dem Sprung« ist.

Ihre Katze hat Sie gesehen und kommt mit steil hochgestelltem Schwanz auf Sie zu? »Halloo! Schön, dich zu sehen!« heißt das. Diesen freundlichen Gruß hat Mieze aus ihren Kindertagen beibehalten, als sie auf ihre Mutter zulief, wenn diese von einem Jagdausflug heimkam.

der Gereiztheit und respektieren meist den Wunsch nach Abstand – außer sie selber haben in der Katzengesellschaft eine höhere Stellung und damit das Platzrecht. Dann wird der Griesgram geduckt das Feld räumen, nun erst recht übel gelaunt.

## Der ausdrucksvolle Schwanz

Ihr Schwanz ist für Mieze alles andere als nur ein dekoratives Anhängsel. Zum einen leistet er ihr beim Klettern und Springen gute Dienste als Balan-

### Bewusstes **Anstarren**

Auch wenn es reizvoll sein mag, einer Katze tief in ihre Augen zu blicken – tun Sie es nicht! Anstarren gilt unter Katzen als Drohgeste. Ist Mieze ohnehin verunsichert, können Sie ihr helfen, ihr Selbstbewusstsein zurückzugewinnen, indem Sie kurz die Augen schließen oder an ihr vorbeischauen.

cierstange und Steuerruder, zum andern dient er bei der Kommunikation mit Artgenossen (und natürlich auch mit dem Menschen) als von weitem sichtbare Signalflagge, mit der sie viele Stimmungen ausdrücken kann.

**Schwanz hoch** Senkrecht hochgestellt hat der Körperanhang die Bedeutung: »Hallo! Ich bin's. Schön, dich zu sehen!« So grüßt die Katze nicht nur befreundete Artgenossen, mit denen sie zusammenlebt, sondern auch »ihre« Menschen. Sie hat dieses Signal aus ihrer Kinderzeit beibehalten, als sie mit steil aufgestelltem Schwänzchen auf ihre Mutter zueilte und von dieser liebevoll empfangen wurde.

**Schwanz entspannt gebogen** Hängt der Schwanz elegant geschwungen nach unten, nur an der Spitze ein wenig aufgebogen, dann ist für Mieze die Welt in Ordnung. Sie fühlt sich wohl und sicher und blickt entspannt in den Tag.

**Schwanz zur Seite** Eine rollige Kätzin zeigt dem Kater mit dieser Geste ihre unmittelbare Bereitschaft zur Paarung an. Wenn Monsieur sieht, dass seine Angebetete ihren Schwanz deutlich auf eine Seite legt, weiß er, dass er sie jetzt besteigen kann, ohne mit ihren Krallen Bekanntschaft zu machen.

**Schwanz wedelt oder zuckt** Wenn der Schwanz einer Katze zuckt oder hin- und herschlägt, ist das Ausdruck dafür, dass sich das Tier in einer Konfliktsituation befindet. »Soll ich oder soll ich nicht?« Etwa trotz Regens hinausgehen zur Revierkontrolle? Oder einer Provokation durch die unverschämte Nachbarkatze nachgeben und womöglich Schrammen riskieren? Oder beim Anpirschen an die Maus noch etwas warten oder besser jetzt losspringen? Kaum tritt ein innerer Konflikt ein, verselbstständigt sich der Schwanz gewissermaßen. Leider tut er dies auch, wenn es sich, wie im Falle des Anschleichens an eine Beute, ausgesprochen störend auswirkt.

Mit gesträubtem Fell, Katzenbuckel und einem Schwanz, dick wie eine Flaschenbürste, sucht der junge Kater, dem Gegner zu imponieren.

## Mit **aggressiven Katzen** umgehen

**EIN MÄCHTIGER FEIND** Dem Menschen gegenüber ist Aggressivität bei Katzen meist gepaart mit Angst. In Miezes Augen ist der Mensch übermächtig. Versuchen Sie daher, das Tier zunächst zu beruhigen, lassen Sie ihm Zeit und Distanz, starten Sie danach einen neuen Annäherungsversuch.

**GEFAHR IN VERZUG** Wenn es sich nicht vermeiden lässt, die Katze sofort zu packen oder zu transportieren, sollten Sie sich durch feste Handschuhe und Kleidung vor Bissen und Kratzern schützen: Eine Katze, die in Panik um ihr Leben kämpft, entwickelt ungeahnte Kräfte. Ein Handtuch oder ein Kleidungsstück über dem Kopf einer panischen Katze kann hilfreich sein, denn die meisten »kapitulieren«, wenn sie nichts mehr sehen können.

Schon so manche belauerte Amsel wurde so auf den Feind aufmerksam und konnte sich noch in Sicherheit bringen. Bei der Mäusejagd stört das unwillkürliche Gewedel der Katze nicht, denn zum einen findet die Jagd auf die Nager meist nachts statt, zum andern sehen Mäuse im Gegensatz zu Vögeln sehr schlecht.

**Schwanz nach unten** Eine im Kampf unterlegene oder sich von vornherein unterwerfende Katze hält ihren Schwanz so weit wie möglich nach unten gesenkt. Manche ziehen ihn sogar ein wenig zwischen die Hinterbeine ein, ähnlich wie Hunde in derselben Situation. Das soll heißen: »O.k. Ich geb auf. Du bist der Stärkere. Tu mir nichts!« Ist das Schwanzfell dabei auch noch gesträubt, zeugt die Haltung davon, dass eine Menge Furcht im Spiel ist.

**Schwanz waagrecht abgestellt und gesträubt** In der Katzensprache ist dies das Zeichen für furchtlose Aggressivität. Da in der Realität bei aller Angriffslust aber stets auch Angst mitschwingt, zeigt der Schwanz gewöhnlich beide Komponenten: An seinem Ansatz wird er waagrecht abgespreizt, zur Spitze hin weist er nach unten. Das Ergebnis sieht aus wie ein nach unten gerichteter Haken.

## Der große Bluff

Sowohl Angst wie auch Aggressionen lassen einer Katze die Haare zu Berge stehen. Insbesondere am Rücken richtet sich das Fell auf, der Schwanz wandelt sich zugleich zu einer Art Flaschenbürste. Von einer Sekunde zur anderen erscheint dadurch die Kontur des Tieres erheblich größer. Das macht Ein-

druck. Der Gegner überlegt es sich nun vielleicht noch mal, ob er auf die Kraftprobe verzichtet und lieber den Rückzug antritt. In extremen Fällen, wenn der Gegner übermächtig und der Fluchtweg abgeschnitten ist, hat die Katze noch einen Trick im Ärmel. Dann sträubt sie nicht nur das Fell, sondern krümmt zugleich ihren Rücken zum »Katzenbuckel« empor und stellt den Bürstenschwanz im Bogen ab. Damit der Gegner diese eindrucksvolle Silhouette auch in voller Größe würdigen kann, präsentiert sie sich ihm breitseits. Dazu das wildeste Gefauche, das die Kehle hergibt. Na, wenn das nicht wirkt!

Gewöhnlich suchen Katzen Konflikte zu vermeiden, aber wenn das Gegenüber alle Warnungen missachtet, wird Mieze auch rasch »handgreiflich«.

# Ein Gesicht spricht Bände

## Entspannt

Miezes Augenlider sind halb geschlossen, ihr Blick ist gewissermaßen nach innen gerichtet. Die Ohren stehen uninteressiert zur Seite, die Tasthaare hängen lässig herab. Pause ist angesagt. Dabei wird aber das leiseste Geräusch, die kleinste Veränderung im Raum immer noch registriert, ob sie von Interesse sein könnte.

## Aufmerksam

Irgendetwas hat die Aufmerksamkeit der Katze erregt. Ihre Ohren peilen nach vorn, die Tasthaare sind weit aufgefächert, die Augen blicken hellwach auf den Punkt des Interesses. Mit anderen Worten: Sämtliche Antennen sind auf Empfang gestellt.

## Müde

Das herzhafte Gähnen heißt bei unseren Stubentigern nichts anderes als bei uns selbst: »Ach, bin ich müde! Ich brauche jetzt dringend ein Nickerchen.«

## Missmutig

Als erstes Anzeichen einer misslaunigen Stimmung legt die Katze die Ohren an. Je mehr Ohrrückseite dabei von vorne zu sehen ist, desto zorniger, aber selbstbewusst ist das Tier. Je weiter die Ohren nach seitlich-hinten geklappt sind, sodass von vorn praktisch nur noch die seitlichen Ohrkanten zu sehen sind, desto mehr Angst ist im Spiel.

## Ängstlich

Auch wenn Miezes Gesicht auf den ersten Blick bedrohlich wirkt, so zeigen doch die Augen, dass bei ihrer Aggression eine große Portion Furcht mitschwingt. Angst weitet die Pupillen zu großen, runden Löchern, eine unwillkürliche Reaktion, die das Tier nicht steuern kann.

## Aggressiv

Die Ohren maximal angelegt, das Maul zu einem heftigen Fauchen geöffnet – da wird es ernst. Wer jetzt nicht schleunigst Abstand gewinnt, riskiert, im nächsten Moment mit den Krallen Bekanntschaft zu machen. Mieze warnt nicht nur, sie handelt auch!

# Kommunikation durch Düfte

Auch wenn uns die Katzennase wie ein Stupsnäschen vorkommt: In ihrer Funktion ist sie jeder menschlichen Nase himmelhoch überlegen. Die Riechschleimhaut, mit der die Nase ausgekleidet ist, enthält bei einer Katze über 200 Millionen geruchswahrnehmende Zellen. Eine Menschennase hat gerade mal ein Zehntel davon. Kein Wunder also, dass wir uns nur schwerlich eine Vorstellung machen können von der bunten und vielfältigen Geruchswelt, in der jede Katze lebt.

Mieze setzt ihren Geruchssinn bei vielerlei Gelegenheiten ein. Jeder unbekannte Gegenstand wird erst einmal mit der Nase »begutachtet«. Auch das Futter wird immer zunächst einer genauen Geruchsprüfung unterzogen. Insbesondere aber dienen Gerüche den Samtpfoten zur Kommunikation mit ihresgleichen. Wo wir reden und zuhören, schnuppern Katzen und hinterlassen Duftmarken.

An verschiedenen Körperstellen haben die Tiere Hautdrüsen, die Duftsekrete absondern. Derartige Drüsen sitzen zum Beispiel im Bereich des Afters, aber auch an Wangen und Pfotenballen. Die ausgeschiedenen Sekrete setzen sich aus vielen verschiedenen chemischen Substanzen zusammen, und zwar in einer ganz individuellen Mischung. Daran schnuppernde Artgenossen können aus dem persönlichen Parfüm nicht nur Alter und Geschlecht des Trägers herauslesen, sondern auch dessen sozialen Status, die sexuelle Empfänglichkeit und möglicherweise sogar die momentane emotionale Verfassung. Für menschliche Nasen sind diese Sekretdüfte übrigens nicht wahrnehmbar.

## Anrüchiges Statussymbol

Auch für uns Menschen erkennbare, weil ausreichend geruchsintensive Kommunikationsmittel der Katzen sind Kot und Urin. Mit Kot wird in der Katzengesellschaft die Rangstellung angezeigt. Eine in ihrem Revier dominante Katze setzt ihn an verschiedenen Stellen entlang ihren Wegstrecken ab und lässt ihn einfach offen liegen. Eine untergeord-

Auf ihren täglichen Rundgängen durchs Revier »lesen« Katzen die Duftnachrichten, die ihre Artgenossen hier hinterlassen haben.

Mit steif zitterndem Schwanz sprüht der Kater seinen Urin an senkrechte Geländestrukturen in seinem Revier. »Ich war hier«, heißt dies.

Beim »Köpfchengeben« überträgt die Katze das Duftsekret ihrer Wangendrüsen auf den Artgenossen. Ein gemeinsamer Geruch – so etwas verbindet.

nete Katze hingegen vergräbt ihre Hinterlassenschaften sorgfältig. Sie sucht damit Konflikte zu vermeiden, denn womöglich könnten ja stärkere Artgenossen Anstoß nehmen an ihrem Geruch. Wenn Katzen in einer Wohngemeinschaft mit uns Menschen ihren Kot in der Katzentoilette geflissentlich einbuddeln, heißt das nichts anderes, als dass sie die Vorrangstellung der Menschen (oder weiterer Familienkatzen) unumwunden anerkennen.

## Sprayer unterwegs

Häufiger als Kot werden Harnmarkierungen im Katzenvolk als Informationsträger eingesetzt. Mit steif erhobenem, zitterndem Schwanz steht Felix dann da und sprüht seinen Urin gegen einen Pfosten, eine Hecke oder eine andere markante Struktur in seinem Revier. Auch Kätzinnen beherrschen diese Kunst, wenden sie allerdings deutlich seltener an. Einer revierfremden Katze geben diese Duftgraffiti detaillierte Auskunft über Stärke und Präsenz des Revierinhabers, der Sprayer selbst definiert damit

seinen eigenen Lebensbereich. Er platziert seine Marken dabei keineswegs nur an den Grenzen seines Reviers, sondern überall in seinem Streifgebiet. Man nimmt an, dass Katzen diese Harnmarken zu einer Art Verkehrsregelung einsetzen. Sie ermöglichen ihnen, einander aus dem Weg zu gehen und damit Konfliktsituationen zu vermeiden, denn sie können sich jederzeit darüber informieren, wer wann wo vorbeikam. Je frischer ein gesprühter Duft, desto wahrscheinlicher, dass sein Urheber noch in der Nähe ist. Nun ist es aber so, dass diese Duftschrift innerhalb von etwa 24 Stunden verblasst. Daher drehen insbesondere ranghohe Kater, die Präsenz zeigen wollen, täglich ihre Runden durchs Revier. Und die leisepfotigen »Zeitungsleser« tun dasselbe, um das Neueste nicht zu verpassen.

## Riechen der besonderen Art

Manchmal bleibt eine Katze auf einem Streifzug wie versteinert stehen oder sitzen, ihr Blick geht ins Leere, der Hals ist vorgereckt, das Maul leicht geöffnet. Wenn die Lippen nun etwas hoch- und die Mundwinkel auseinandergezogen werden, nimmt sie einen – mit Verlaub gesagt – dümmlich grinsenden Gesichtsausdruck an. Zoologen sagen dann, die Katze flehmt.

Mieze ist auf einen Geruch gestoßen, den sie ganz besonders gründlich prüfen möchte. Zu diesem Zweck bringt sie ein Sinnesorgan zum Einsatz, das uns Menschen fehlt, das sogenannte Jacobsonsche Organ. Es findet sich zwischen der Rachen- und der Nasenhöhle und ist mit einer Art Riechschleimhaut ausgekleidet. Über eine kleine Öffnung im Gaumen-

dach, gleich hinter den Schneidezähnen, hat es Verbindung mit der Mundhöhle. Mit der Zunge kann die Katze Duftmoleküle aus der Luft aufnehmen und an den Eingang des Jacobsonschen Organs heranbringen, in dem sie dann überprüft werden. Soll es schneller und intensiver sein, saugt sie die Luft durch das halb offene Mäulchen regelrecht in ihr Prüforgan hinein: Sie flehmt.

**Frühlingsgefühle** Besonders häufig tritt das Flehmen bei Katern auf, die den Duft einer rolligen Kätzin entdeckt haben. Sie bleiben dann oft wie vom Donner gerührt stehen, setzen auf der Stelle ihr »stupides Grinsen« auf und pumpen den Duft gierig in ihr Riechorgan. Doch auch Kätzinnen flehmen gelegentlich, etwa wenn sie auf Urinmarken von ihnen fremden Katern gestoßen sind oder auch bei anderen sie stark interessierenden Gerüchen.

## Das ist meins!

Das Hautsekret Marke Eigenduft, das im Bereich der Wangen, am Kinn und auch um den Augenbereich herum produziert wird, dient Mieze weniger zur Information von Artgenossen als vielmehr für das eigene Wohlbefinden.

**Wangenreiben** Ihr »Kopfparfüm« benutzt die Katze vor allem dann, wenn sie bestimmte Dinge als die ihren kennzeichnen will. Indem sie ihren Kopf daran reibt, drückt sie ihnen gewissermaßen einen duftenden Eigentumsstempel auf. Insbesondere die Gegenstände in ihrem engsten Wohnbereich markiert eine Katze auf diese Weise. Türstock, Tischbein oder Lieblingssessel – all das bekommt ihr ureigenstes Duftetikett verpasst, einschließlich

Beim Krallenwetzen hinterlässt Mieze eine Geruchs-Visitenkarte, die Sekret der Zehendrüsen enthält.

der Beine »ihres« Menschen. Eingehüllt und umgeben von ihrem eigenen Geruch, kann Mieze sich dann so richtig zu Hause fühlen.

**Köpfchengeben** Treffen sich zwei Katzen, die sich kennen und mögen, reiben sie als Geste der Begrüßung kurz den Oberkopf gegeneinander, etwa vergleichbar unserem Händeschütteln. Damit überträgt jedes Tier ein wenig eigenen Körpergeruch auf sein Gegenüber. So etwas verbindet. Es nimmt dem anderen die Fremdheit, macht ihn vertraut.

## Mit den Krallen geschrieben

Durch das Fenster kann ich immer wieder beobachten, wie unsere Kätzin Mia eine Mitteilung nach Katzenart schreibt. Auf den Hinterkeulen hockend, den Rücken durchgebogen, kratzt sie hingebungsvoll am Flieder vor dem Haus. Weil sie dies jeden Tag tut, sieht dessen Rinde schon ganz zerfleddert aus. Die Kätzin bringt damit ihre duftende Visitenkarte am Baumstamm an. Zwischen ihren Zehen sitzen nämlich kleine Drüsen, die aktiviert werden, sobald das Tier seine Krallen wetzt. Ihr Sekret stellt einen individuellen Duftcocktail dar und wird zusammen mit dem Schweiß der Pfotenballen auf die Kratzunterlage übertragen. Eine Markierung, die die Katzen der Nachbarschaft nicht nur riechen, sondern auch sehen können. Und damit sie möglichst deutlich ausfällt, hält eine Katze gern an einer einmal gewählten Kratzstelle fest und bearbeitet sie regelmäßig, bis die Kerben in der Unterlage tief und gut sichtbar sind. Es ist gewissermaßen ihr Haustürschild: »Hier wohne ich!«

**Maniküre inbegriffen** Nebenbei schärft die Kratzerei auch die Waffen. Von Zeit zu Zeit löst sich die alte Hornschicht der Krallen und wird an der rauen Unterlage abgestreift. Darunter kommen dann runderneuerte, blitzscharfe Dolche zum Vorschein.

---

### Krallenwetzen muss sein

TIPPS VON
DER KATZEN-EXPERTIN
**Helga Hofmann**

Das Krallenwetzen ist ein angeborenes Verhalten, auf dessen Ausübung wirklich jede Katze hartnäckig besteht. Auch in der Wohnung!

**GEEIGNETE STELLEN** Versuchen Sie gar nicht erst, Ihrer Katze das Markierungskratzen abzugewöhnen. Sie werden unweigerlich scheitern. Bieten Sie ihr lieber Kratzbäume bzw. -bretter an, an denen sie ihr Bedürfnis ausleben kann.

**STANDORTFRAGE** Für die meisten Katzen gehört Krallenwetzen zur Aufwachroutine. Nach einem Nickerchen streckt man sich erst mal genüsslich, dann kommen die Krallen an die Reihe. Postieren Sie daher den Kratzbaum möglichst nahe bei Miezes Ruheplatz.

**KREATIV GEBAUT** Ein Kratzbaum muss kein notwendiges Übel im Katzenhaushalt sein. Mit etwas Fantasie gebastelt, kann er auch zu einem schmückenden Element der Wohnung werden. Ob ein dünner Baumstamm mit weicher Rinde, ob ein Rundholz, mit bunter Sisalschnur umwickelt, oder ob ein Brett, mit Teppich oder Jute bezogen – Hauptsache griffig und standfest.

# Katzenrassen im Porträt

Rassekatzen unterscheiden sich nicht nur im Aussehen, sondern auch im Temperament. Sie sollten daher die Eigenheiten der Katzenrassen kennen, bevor Sie sich für eine samtpfotige Rasseschönheit entscheiden.

**MAINE COON** Die Halblanghaarkatze ist freundlich und tolerant. Sie braucht Auslauf bzw. sehr viel Bewegung.

**RAGDOLL** Die große, muskulöse Katze mit den strahlend blauen Augen ist ein leiser, zurückhaltender Hausgenosse. Im Umgang mit Menschen und anderen Katzen zeigt sie sich sanft und umgänglich. Sie lässt sich auch von Kindern erstaunlich viel gefallen.

**EUROPÄISCH KURZHAAR** Seit gut 20 Jahren als eigene Rasse anerkannt, entspricht diese mittelgroße, kurzhaarige Katze doch der »normalen« Hauskatze: ein robuster, unkomplizierter und anpassungsfähiger Partner mit ausgeprägter Persönlichkeit.

**OCICAT** Ihr getupftes Fell gibt der großen, kurzhaarigen Katze etwas Raubkatzenhaftes. Die Ocicat ist neugierig und sehr verspielt, dabei stets sanft und freundlich.

**BIRMA** Ihr Markenzeichen sind (halb)lange Haare, tiefblaue Augen und weiße Pfötchen. Ihr sanftes Naturell macht sie zum geduldigen Hausgenossen.

**ABESSINIER** Die elegante Katze mit dem (meist) goldbraunen Fell ist sportlich und temperamentvoll. Mit Neugier und Spiellaune fordert sie ihren Halter.

**PERSER** Langes, dichtes Fell und ein kurzes Stupsnäschen machen diese kleine, kompakte Rasse unverkennbar. Die ruhige, sanftmütige Perser ist freundlich zu jedermann und bleibt durchaus auch mal alleine.

**SIAM** Die Schöne mit den blauen Augen und den dunklen Abzeichen an Kopf, Schwanz und Beinen ist eine oft etwas kapriziöse Diva, lautstark fordernd und geschwätzig, dabei zärtlich und anhänglich wie ein Hund.

# VON MENSCH ZU KATZE

Kommunikation mit einem anderen setzt nicht nur voraus, dass man dessen Signale wahrnimmt. Man muss sie auch richtig interpretieren. Dieser Grundsatz gilt ebenso zwischen Mensch und Katze.

## Auf gutes Verstehen

Genau wie wir fühlen sich Katzen am wohlsten in ihrer Haut, wenn es harmonisch zugeht in ihrer Familie. Sie legen sich nicht gern an mit ihren Menschenfreunden, im Gegenteil. Geflissentlich suchen sie zu verstehen, was wir von ihnen wollen, sie zeigen sich lernwillig und anpassungsfähig – in ihrem Rahmen, wohlgemerkt. Denn Katzen sind und bleiben Katzen. Wer sie behandelt wie einen Menschen, muss zwangsläufig Missverständnisse hervorrufen und Frustration ernten.

### Miezes Grenzen erkennen

Katzen sind mit ihren Fähigkeiten und Instinkten perfekt dafür ausgerüstet, in ihrer Welt und mit ihresgleichen zurechtzukommen. Sie sind erfolgreich, wenn es darum geht, sich ein Revier zu sichern, Nahrung zu beschaffen oder für Nachwuchs zu sorgen. Mit vielen Dingen und Regeln der Menschenwelt jedoch sind sie schlichtweg überfordert. Wozu die Menschen so etwas wie Urlaub brauchen und warum sie in dieser Zeit partout länger schlafen wollen, das werden die Stubentiger wohl nie einsehen. Wo es doch sonst immer pünktlich um sieben das Frühstück gibt! Ihre stundenlangen und lautstarken Weckversuche haben deshalb folgerichtig nichts mit Rücksichtslosigkeit zu tun, sondern entspringen einfach der Erfahrung, mit Hartnäckigkeit und Ausdauer doch noch zum Ziel zu kommen. Vermutlich haben Sie ihnen diese Erfahrung sogar höchstpersönlich verschafft, indem Sie ein- oder mehrmals der Schlafzimmertyrannei vollkommen entnervt nachgegeben und ein Frühstück herausgerückt haben, oder? Setzen Sie daher nicht auf die Rücksichtnahme Ihres Schützlings, sondern auf seine Erkenntnis, dass langes Miauen oder das Scharren an der Schlafzimmertür pure Energieverschwendung bedeuten und keinen Erfolg bringen. Diese Lektion vermag Mieze ohne Probleme zu lernen.

# Mit Mieze reden

Wir Menschen reden miteinander. Ohne nachzu-
denken, wenden wir diese Art der Verständigung
auch auf die Tiere an, mit denen wir zusammenleben. Über 95 Prozent aller Katzenhalter gaben bei
Umfragen an, mit ihren Lieblingen oft zu reden. Der
Rest wollte es wahrscheinlich nur nicht zugeben.

### Der Tonfall macht's

Klar, dass Minka nicht alles versteht, was Sie ihr
erzählen. Doch der Tonfall gibt dem Tier zu erkennen, ob es um Positives oder Negatives geht und
in welcher Laune Sie sich gerade befinden.

»Hab ich das jetzt wohl richtig verstanden?
Mein Mensch drückt sich immer so unklar aus.«

Genieren Sie sich also nicht, mit Ihrer Katze zu
reden, als wäre sie ein Mensch. Das Wesentliche
bringen Sie mit dem Tonfall Ihrer Stimme schon
rüber. Je nach Situation können Sie Ihre samtpfotige Freundin beruhigen oder ausschimpfen, herlo-
cken oder regelrecht liebkosen. Vergegenwärtigen
Sie sich stets, dass das Tier nicht die Worte, sondern den Ton versteht. So sollten Sie Ihre Katze nie
direkt anreden, wenn Sie gerade in aufgebrachter
Stimmung sind. Molly würde Ihren unwirschen Tonfall prompt auf sich beziehen – und ratlos sein.
Auch wäre es vollständig »für die Katz'«, mit sach-
lichen Argumenten zu erklären, warum sie dies
oder jenes nicht tun dürfe. Eine Katze versteht nur,
dass sie Unmut hervorgerufen hat, wenn Sie auf
eine Missetat mit einem scharfen Ton reagieren.

### Menschenworte für die Katz'

Im Laufe des Zusammenlebens von Mensch und
Katze ergeben sich bald eine Reihe von Worten
oder Sätzen, deren Bedeutung Mieze genau kennt.
Nehmen wir mal an, Sie pflegen die Fütterung mit
dem Ausruf anzukündigen: »Herrschaften, Futter
gibt's!«, oder Sie leiten die tägliche Futteraktion mit
den Worten ein: »Oh, so spät ist es schon!«, dann
werden Ihre Katzen nach kürzester Zeit bereits in
die Küche eilen, bevor Sie den Satz beendet haben.
Ich habe meinen Katzen auch die Bedeutung des
Kommandos »Raus!« klargemacht, mit dem ich sie
bei Bedarf aus einem Raum hinausschicken kann –

eine Übung, die sich im Alltag oft genug als äußerst nützlich erwiesen hat. Als ich bei anderer Gelegenheit meiner Kätzin allerdings klarmachen wollte, dass ich keine Leckerlis mehr in der Hand halte, und dazu meine Hand öffnete und »Aus« sagte, drehte Mia sich auf der Stelle um und eilte schnurstracks aus dem Raum. Sie hatte »Aus« mit »Raus!« verwechselt. Wählen Sie also Kommandos, die sich für die Tierohren klar unterscheiden lassen, wenn Sie Missverständnisse vermeiden wollen.

## Beim Namen genannt

Jede Katze lernt ihren Namen und begreift, dass er nur ihr gilt. Meist ist er ja als Lockruf zu erkennen, dem zu folgen sich lohnt, gelegentlich kann er als Tadel durch den Raum peitschen. Ich wundere mich oft, wie unbeteiligt die übrigen Katzen reagieren, wenn ich einen Missetäter durch die scharfe Nennung seines Namens zurechtweise. Während der Genannte schlagartig in sich zusammensinkt, bleiben die Übrigen seelenruhig sitzen.

**Den Namen lernen** Bei einer neuen Katze besteht eine der ersten Aktionen darin, dem Tier beizubringen, auf seinen Namen zu hören.

› Reden Sie die Katze anfangs so oft wie möglich deutlich mit ihrem Namen an.

› Reagieren Sie in der ersten Zeit immer mit einer kleinen Belohnung, etwa einem Leckerli, wenn die Katze auf Namensruf herbeigekommen ist.

› Rufen Sie die Katze immer dann, wenn etwas Angenehmes bevorsteht, beispielsweise Futter oder die Schmusestunde. Umgekehrt sollten Sie die Namensnennung vermeiden, wenn etwas Unangenehmes ansteht, etwa Zahn- und Ohrenkontrolle. Die Tiere haben ein hervorragendes Gedächtnis für solche Situationen und kommen dann einfach nicht mehr, wenn sie ihren Namen hören.

»Oh, man ruft meinen Namen. – Komme schon!« Kätzchen lernen rasch, auf ihren Namen zu hören, wenn er für sie mit Angenehmem verbunden ist.

---

### Der richtige **Name**

Ein Kätzchen hat Einzug gehalten in Ihrem Heim? Dann heißt es, einen passenden Namen zu finden.

**FREUNDLICHER KLANG** Am besten eignen sich zweisilbige Namen, die man lockend aussprechen kann, etwa Jenny oder Pussy, Robin oder Chico.

**HELLE TÖNE** Oft wird gesagt, Katzen würden besonders gut auf Namen mit »i« hören. Sicherlich können sie diesen hellen Laut besonders leicht wahrnehmen, sie lernen aber ebenso ihren Namen, wenn sie Brutus oder Satan heißen. Die Frage ist eher, ob Sie einen derartigen Namen zärtlich lockend intonieren können.

**KOSENAMEN** Wechselnde Kosenamen, und seien sie noch so lieb gemeint, verwirren die Katze nur.

# Verständigung – auch ohne Worte

Katzen sind hervorragende Beobachter und zudem gewohnt, vieles mit Körpersprache und Mimik auszudrücken. So achten sie auch uns Menschen gegenüber sehr genau auf unsere Körpersprache. Aus diesem Grund können wir uns unseren Stubentigern nicht nur mit Worten, sondern auch mit Gesten verständlich machen. Was es bedeutet, wenn Sie sich auffordernd mit der Hand auf den Schoß klopfen, hat Ihr Findus oder Seppi garantiert schnell begriffen. Auch der mahnend erhobene Zeigefinger stellt für eine Katze kein Rätsel dar. Sie versteht diese Art von Tadel sogar besonders leicht, weil sie Ähnliches von ihren Artgenossen bereits kennt: Der erhobene Finger entspricht optisch ziemlich genau der angehobenen Pfote einer verärgerten und daher Hiebe androhenden Katze.

»Wie ging das doch gleich?« Unsere Stubentiger gucken sich so manches von uns Menschen ab, um damit zur Selbsthilfe greifen zu können.

Mit Gesten können Sie auch bestimmten Kommandos Nachdruck verleihen. Wenn ich eine unserer Katzen mit »Raus!« aus dem Zimmer schicke, weise ich stets zugleich auch mit dem Finger in Richtung Türe. Inzwischen genügt häufig diese Geste, vielleicht noch kombiniert mit einem Fingerschnippen, und der/die Angesprochene trollt sich.

## Können Katzen Gedanken lesen?

Doch so deutlich muss es für Katzen meist gar nicht sein, denn sie können oft schon an minimalen Regungen unsere Absichten erkennen. Das kann dann tatsächlich wie Hellseherei wirken.
Da sitze ich zum Beispiel im Arbeitszimmer, unser Kater Tobi teilt den Schreibtisch mit mir. Seit Stunden liegt er dösend auf einem Stapel Papierkram neben dem Telefon. Ein Blick auf die Uhr sagt mir, dass es allmählich an der Zeit ist, die Katzen zu füttern. Ich habe den Gedanken noch nicht zu Ende gedacht, da springt der Kater vom Schreibtisch und eilt in Richtung Küche, wo er mich maunzend erwartet. Kann das Tier etwa Gedanken lesen? Welcher Katzenbesitzer hat sich diese Frage nicht schon einmal gestellt? Kann es natürlich nicht. Tobi hat einfach genau beobachtet und richtig kombiniert. Seine innere Uhr hat ihm schon längst gemeldet, dass es Zeit wird für die Abendmahlzeit. Vorsichtshalber hat er mich deshalb schon eine ganze Weile nicht mehr aus den Augen gelassen. Meinen Blick auf die Uhr hat er ebenso registriert wie vielleicht ein unbewusstes Straffen meines Rückens, das meine Absicht aufzustehen ankündigt. Nun musste er nur noch eins und eins zusammenzählen, um zu wissen: »Endlich! Jetzt gibt's Futter!«

Mit feinem Gespür nimmt eine Katze wahr, wenn »ihr« Mensch gedrückter Stimmung ist. Sie stellt dann eine einfühlsame Gesellschafterin dar.

Die Bedeutung eines tadelnden Fingers lernt Mieze rasch. Schließlich gleicht er der warnend erhobenen Pfote eines Artgenossen.

## Lernen durch Abschauen

Schon kleine Kätzchen schauen genau hin, was Mama tut – und machen es nach. Auch erwachsene Stubentiger haben kein Problem, sich von Artgenossen oder fallweise vom Menschen abzugucken, was sie an Fähigkeiten gebrauchen können. So wird ein »Neuling« rasch kapieren, wie die Katzenklappe funktioniert, wenn er einem »Routinier« dabei zusehen kann, wenn dieser hindurchspaziert. Leider schauen sich unsere schlauen Haustiger auch so manches Know-how von uns ab, was gar nicht für sie bestimmt ist. Bewahren Sie etwa die Katzenleckerlis in einer Dose auf, die griffbereit auf dem Sideboard steht? Dann hat Ihnen Ihr Schnurri bestimmt schon oft auf die Finger gesehen und längst erkannt, worauf es ankommt: Zunächst mal muss der Deckel ab. Über kurz oder lang wird der Schlaumeier versuchen, die Zuteilung der Leckerlis selbst in die Pfoten zu nehmen. Dann ist es nur noch eine Frage der Geschicklichkeit bzw. der Zeit, bis seine Aktion von Erfolg gekrönt sein wird.

Oder die Sache mit den Türklinken. Geschlossene Türen sind aus Katzensicht sehr störend im Wohnrevier. Nicht wenige Samtpfoten greifen zur Selbsthilfe. Die Info, was zu tun ist, bekommen sie von ihren Menschenfreunden, die das Klinkendrücken täglich vormachen. Der Rest ist Übungssache: Hochspringen, mit den Vorderpfoten an die Klinke hängen und strampeln, bis die Türe aufgeklinkt ist.

### Unüberwindbare **Türen**

Kann Ihre Katze Türklinken betätigen? Und wollen Sie ihr dennoch den Zutritt zu bestimmten Räumen verwehren? Dafür gibt es zwei einfache Möglichkeiten:

Stellen Sie die Türklinke senkrecht. So kann Mieze sich nicht mit den Pfoten daranhängen. Oder bringen Sie anstelle einer Klinke einen Drehknauf an. Damit ist jede Mieze chancenlos.

# Informationen durch Gerüche

Wir Menschen sind es gewohnt, einander Informationen entweder mündlich oder schriftlich bzw. durch Zeichen zukommen zu lassen. Wie wir aber inzwischen wissen, kennen und nützen unsere Stubentiger noch einen dritten Weg der Kommunikation, der uns weitgehend fremd ist, nämlich den Duft (→ Seite 16–19).

Im Alltag des Zusammenlebens müssen wir uns diese Variante immer wieder in Erinnerung rufen und können sie uns auch zunutze machen.

## Du riechst so fremd!

Angenommen, Sie kommen gerade nach Hause. Ihr Kater läuft Ihnen entgegen, um wie gewohnt zur Begrüßung um Ihre Beine zu streichen. Sie bücken sich und wollen ihn freundlich streicheln. Da weicht dieser plötzlich zurück, faucht sogar ein wenig und schlägt den Schwanz unwillig hin und her. Sie wundern sich sehr, weil Sie ganz vergessen haben, dass Sie zuvor den Nachbarhund kurz getätschelt haben (und das kann Stunden zurückliegen).

Ein Stoffmäuschen, das mit duftender Katzenminze gefüllt ist, lässt viele Katzen ausflippen. Sie schnüffeln sich regelrecht »high« daran. Doch keine Sorge: Catnip macht nicht süchtig und schadet Mieze nicht.

Oder Sie kommen morgens aus dem Bad und Ihre Katze tut so, als würde sie Sie nicht mehr kennen. Nun ja, womöglich benutzten Sie ein neues Parfüm oder Rasierwasser. Dadurch ist Ihr Liebling erst einmal irritiert, bis er erkannt hat, dass sein Mensch nun wohl auch diesen Duft an sich tragen kann.

## Hier fühle ich mich sicher

Wenn ihre Umgebung so riecht, wie sie es kennen, fühlen sich unsere Sofatiger nicht nur wohl, sondern auch sicher. Und am besten riecht dieses Zuhause nach ihnen selbst, nach den Markierungen, die sie an jeder Ecke angebracht haben (→ Seite 18), und dem Geruch, den sie auf ihren Liegeplätzen hinterlassen haben. Oder aber – fast noch besser – es riecht nach dem Menschen, der für sie die Funktion einer »Über-Mama« ausübt. Wo Mama ist, kann nichts passieren. Daher ruhen Molly oder Moritz so gerne auf dem Schoß »ihres« Menschen oder schlafen auf dessen Sessel.

Dass Gerüche das Wohlbefinden Ihrer Katze so stark beeinflussen, können Sie sich zunutze machen, wenn Sie das Tier beruhigen wollen, z.B. in Stress-Situationen wie Umzug oder Transport zum Tierarzt. Alles, was nach Ihnen oder nach Mieze riecht, wirkt wunderbar als Beruhigungsmittel.

## Duftorgie für Genießer

Wollen Sie Ihrer Katze ein besonderes Dufterlebnis verschaffen? Dann versuchen Sie es mal mit Katzenminze. Etwa die Hälfte aller Katzen flippt regelrecht aus, wenn ihnen dieses Kraut vor die Nase kommt. Die ätherischen Öle dieser Pflanze, die unter ihrem englischen Namen »catnip« im Handel ist, versetzen sie in ekstatische Hochstimmung. Die andere Hälfte der Samtpfoten allerdings lässt der Geruch – erblich bedingt – vollkommen kalt.

---

### Stressabbau per Duft

TIPPS VON
DER KATZEN-EXPERTIN
**Helga Hofmann**

Sie können Ihrer Katze helfen, Stress-Situationen zu bewältigen, indem Sie ihr einen vertrauten Geruch anbieten. Das wird sie beruhigen und dazu beitragen, dass sie die unangenehme Situation nicht gar so beängstigend erlebt.

GETRAGENE KLEIDUNG Müssen Sie Ihre Katze transportieren, können Sie ihr zum Beispiel einen von Ihnen zuvor getragenen Pullover in die Transportbox legen.

KUSCHELDECKE Sicher hat Ihre Katze in ihrem Körbchen eine Decke oder ein Kissen. Geben Sie ihr diese Unterlage unbedingt mit, wenn ihr zum Beispiel ein Ortswechsel bevorsteht.

PHEROMON Ein synthetisch hergestellter Botenstoff, der dem arteigenen Wohlfühl-Geruch von Katzen entspricht. Das Mittel, das im Fachhandel erhältlich ist, kann Katzenseelen beruhigen. Als Zerstäuber im Raum verteilt, soll er Mieze suggerieren: »Es ist alles bestens. Kein Grund zur Aufregung!« Bei manchen Katzen wirkt die Substanz prima, bei anderen hingegen überhaupt nicht. Da hilft nur ausprobieren.

# Katzenerziehung mit Gefühl

Katzen kann man nicht erziehen, meinen Sie? Doch, kann man. Es kommt nur darauf an, was man unter Erziehung versteht. Katzen sind und bleiben eigenwillige Tiere: Auf Kommando Bei-Fuß-Laufen oder Männchenmachen ist nicht ihr Ding. Jedoch hat eine Katze, die eine gute Kinderstube genossen hat, von Mutter und Mitkatzen gelernt, dass sie sich mit ihren Artgenossen im Revier arrangieren muss. Und die Menschen ihrer Familie betrachtet eine Katze gleichfalls als Artgenossen.

**Alltag mit Katze** Es ist nun an Ihnen, Ihrem Stubentiger klarzumachen, wie's laufen soll im gemeinsamen Alltag. Schließlich wollen Sie, auch wenn Sie beschlossen haben, Ihr Heim mit einer Katze zu teilen, Ihr normales Dasein wenigstens einigermaßen weiterführen. Dazu gehört ein durch Beruf oder Familie vorgegebener Tagesrhythmus ebenso wie gewisse Vorstellungen von Hygiene oder der Wunsch nach Unversehrtheit von Möbeln und anderem Eigentum. Lauter Punkte, die einer Katze nicht von vorneherein einleuchten.

**Klare Regeln** Glücklicherweise sind die Samtpfoten lernfähig und durchaus lernwillig. Und so ist es Ihre Aufgabe als Katzenerzieher, Ihrem Goldstück zu vermitteln, was okay ist und was bitte schön in Ihrem Haushalt zu unterbleiben hat. Dabei ist nicht Drill, sondern erzieherisches Feingefühl gefragt.

Die Katze im Bett? Hier müssen Sie sich entscheiden: ja oder nein. Mieze versteht keine Ausnahmen.

Auch wenn Mieze weiß, dass sie nicht auf den Tisch darf – was spricht dagegen, wenn niemand es sieht?

## Katzen denken anders

Zunächst einmal sollten Sie sich klarmachen, dass eine Katze anders denkt als wir Menschen. Sie kann beispielsweise nicht abstrahieren, sie vermag eine einmal gemachte Erfahrung also nicht auf eine andere Situation zu übertragen. Wenn Sie sie zum Beispiel mehrfach geschimpft haben, weil sie an der Sofalehne ihre Krallen wetzte, begreift sie: »Mein Mensch mag nicht, dass ich an dieser Stelle meine Krallen wetze.« Sie käme nicht im Traum auf die Idee, dass das automatisch auch für Sessel, Stuhlpolster, Teppich etc. gelten könnte.

**Katzenlogik** Was Mieze hingegen rasch kapiert hat, ist das: »Wenn mein Mensch nicht im Raum ist, kann ich das Sofa zum Krallenwetzen verwenden. Ich muss also immer gucken, dass Mensch nicht da ist.« So funktioniert ein Katzenhirn. Das sollten Sie beim Erziehen berücksichtigen, um (beidseitigen) Frust zu vermeiden. Im Falle des Sofas muss die Konsequenz also lauten: Nicht nur Sie sollten die Katze schimpfen und/oder strafen, sondern das Sofa selbst muss eine unangenehme Erfahrung bereiten. Wie das geht, lesen Sie auf Seite 37/38.

## Konsequenz ist alles

Noch etwas kann Mieze überhaupt nicht begreifen, und das sind Ausnahmen. Das A und O der Katzenerziehung ist daher absolute Konsequenz. Halten Sie einmal gesetzte Regeln strikt ein, auch wenn es Ihnen selber manchmal schwerfallen mag. Wenn Sie Ihrer Minka zum Beispiel jahrelang untersagt haben, in Ihrem Bett zu schlafen, heute aber mal eine Ausnahme machen, weil Sie krank sind und ein Bedürfnis nach Kuscheln verspüren, bedeutet das in den Augen Ihrer Katze nichts anderes als die Aufhebung der bisherigen Regel. Sie wird es mit Entzücken zur Kenntnis nehmen. Welche Verwir-

Nur einmal ein Häppchen vom Tisch, und Sie haben künftig bei jeder Mahlzeit eine bettelnde Katze neben sich.

rung, wenn am nächsten Tag die alte Regel nun doch wieder gelten soll! Ein vermeidbarer Frust.

**Gäste** Weisen Sie auch Ihre Gäste darauf hin, was Sie im Umgang mit Ihrer Katze zur Regel erklärt haben, etwa »Kein Essen vom Tisch!«. Wenn ein wohlmeinender Gast nämlich Ihrem Schnurri ein leckeres Häppchen zukommen lässt, werden Sie in Zukunft bei den Mahlzeiten eine bettelnde Katze um die Beine haben, die Ihnen den letzten Nerv raubt. Bitten Sie den Gast daher, auf seine gut gemeinte Spende zu verzichten oder sie zumindest in den Katzennapf am Futterplatz zu legen.

**Urlaubsvertretung** Sie sind für einige Tage verreist und haben jemanden »engagiert«, sich um Ihren Garfield zu kümmern? Geben Sie dieser Urlaubsvertretung detaillierte Informationen darüber, was die Katze darf und was nicht, mit der dringenden Bitte, diese Regeln einzuhalten.

# Was Hänschen nicht lernt ...

Mit Katzenkindern ist es wie mit Menschenkindern: Sie müssen von klein auf erzogen werden. Den Beginn machen bei den Kätzchen die Frau Mama sowie die übrigen Katzen, mit denen die Kleinen zu tun kriegen. Klar, dass der Nachwuchs dabei Katzenregeln und Katzensitten beigebracht bekommt. In einer Menschenfamilie gelten jedoch gemeinhin andere Regeln. Und die muss Klein Miezchen lernen, sobald es in seinem neuen Zuhause Einzug gehalten hat. Denn wiederum gilt wie bei uns Menschen: Kinder lernen noch viel leichter und schneller als Erwachsene.

## Das Richtige von Anfang an

Überlegen Sie sich von vornherein, welche Rechte Ihr neues Familienmitglied haben soll, was es darf und was nicht, und richten Sie die Erziehung des Kätzchens danach aus. Denn gleich das Richtige lernen ist leichter als später umlernen zu müssen. Klar, es wirkt drollig, wenn so ein Katzenzwerg im Spiel voller Begeisterung mit Ihrer Hand »kämpft«, sie fängt und hineinbeißt. Doch wenn Ihr Carlo dasselbe Spiel noch spielt, wenn er zu einem Fünf-Kilo-Kater herangewachsen ist, dann tut es empfindlich weh. Dabei kann der Katzenrabauke gar nicht verstehen, warum Sie jetzt nicht mehr lachen, sondern »Au!« schreien und ihn wegschubsen. Verwenden Sie daher für sämtliche Fang- und Kampfspiele mit kleinen Kätzchen ein geeignetes Spielzeug, etwa ein verknotetes Stofftaschentuch oder ein lockeres Wollknäuel, und lassen Sie Ihre Hand aus dem Spiel. Die ist für's Streicheln und Füttern zuständig.

## Wildfänge und Angsthasen

Katzenkinder können sehr unterschiedlich sein in ihrem Charakter. Die einen gehören zu den schüchternen, ängstlichen, die andern sind selbstbewusst und frech. Passen Sie Ihre Erziehungsmaßnahmen daran an. Während bei Sensibelchen oft schon ein gestrenger Tadel ausreicht, um ihnen Ihr Missfallen zu zeigen, brauchen die kleinen Rambos eine deutliche Strafe, etwa eine lautstarke Zurechtweisung.

»Na warte, ich krieg dich!« Besser, Mieze hascht nach ihrem Spielzeug als nach Ihrer Hand. Ihre Krallen sind ganz schön scharf.

## Der richtige Umgang mit Kätzchen

Für ein Kätzchen, das bei Ihnen eingezogen ist, übernehmen Sie die Rolle von Mama, Spielgefährte, Beschützer und Erzieher. Damit die Verständigung klappt, sollten Sie einige Grundregeln im Umgang mit Klein Miezchen beachten.

# Tut gut

(+) Nehmen Sie sich vor allem zu Beginn Ihrer Beziehung viel Zeit für das Kätzchen, je mehr, desto besser. So wird nicht nur das Tierchen mit Ihnen vertraut, sondern Sie lernen auch seine Eigenheiten kennen.

(+) Gewöhnen Sie das Kätzchen von Anfang an an einen bestimmten Tagesrhythmus, den Sie möglichst strikt einhalten. Miezchen soll sich ja in den Menschenalltag einfügen.

(+) Respektieren Sie das Bedürfnis nach Rückzug und Ruhe, wenn sich der kleine Racker müde gespielt hat oder genug hat vom Schmusen. Auch die lebhaftesten Katzenkinder brauchen Schlafpausen.

# Besser nicht

(−) Achten Sie vor allem bei einem ängstlichen Kätzchen darauf, es nicht durch laute Geräusche zu verschrecken. Leise Töne stehen bei Katzen für Harmonie, laute für Aggression. Also keine laute Musik und der Staubsauger bleibt aus!

(−) Schimpfen Sie Ihr Kätzchen in der Eingewöhnungszeit nicht. Erst muss es Vertrauen in Sie aufbauen.

(−) Lassen Sie dem Kätzchen nichts durchgehen, was Sie der Kategorie »verboten« zugeordnet haben – nur weil es heute unpässlich ist oder, oder, oder ... Es versteht die neue Freiheit nicht als Trostpflaster, sondern als Ausweitung seiner Grenzen. Diese wieder einzuschränken verursacht garantiert Ärger.

# Belohnung tut gut

Ihr Stubentiger war brav? Dann hat er aber eine Belohnung verdient. »Positive Verstärkung« nennen die Fachleute es, wenn ein bestimmtes Verhalten für das Tier etwas Angenehmes zur Folge hat. Dann wird das Tier just dieses Verhalten immer wieder zeigen. Und genau das wollen wir mit der Belohnung ja erreichen.

## 1  Streicheleinheiten

Ausgiebig gestreichelt und gekrault zu werden ist für Mieze ein Hochgenuss. Es steht in ihrer Skala des Erwünschten sehr weit oben. Überdies ist es eine Art von Lob, die Sie im wahrsten Sinne des Wortes immer und überall zur Hand haben.

## 2  Hurra, ein neues Spielzeug!

Vor allem jüngere Katzen finden ein neues Spielzeug einfach klasse. Dafür lohnt es sich schon, zum Beispiel das lästige Bürsten über sich ergehen zu lassen. Rasch wissen die Katzenracker, dass nach der Fellpflege eine Spielzeugüberraschung auf sie wartet. Sie müssen dafür gar nicht säckeweise Fellmäuse kaufen, eine Luftschlange vom Karneval oder ein Papierball tun es auch.

## 3  Dickes Lob!

Ein ausgiebiges Lob ist für Ihre Katze auch eine Art Belohnung. Vielleicht nicht ganz so begehrt wie ein saftiger Leckerbissen, aber doch so bedeutend, dass sie so einiges dafür zu tun bereit ist. Ihre lobenden Worte zeigen dem Tier: »Jawohl, so ist's recht! Wenn du dich so verhältst wie eben, herrscht Harmonie zwischen uns.« Und genau das ist es, was Ihre Katze will: Harmonie.

## 4  Ein Spielchen macht Spaß

Noch toller finden es aktive Katzen, wenn man sich Zeit nimmt für ein Spielchen. Rasch merken sie sich, wie sie ihren Zweibeiner dazu bringen, ihnen diesen Wunsch zu erfüllen. Etwa indem sie den Kratzbaum statt des Sofas zum Krallenwetzen benutzen. Lässt sich leicht wiederholen, findet Mieze.

## 5  Leckerbissen spornen an

Ein kleines Leckerli ist der Klassiker unter den Belohnungen. Und wahrscheinlich auch die wirksamste Art, wenn es gilt, eine Katze zum Gehorchen zu bringen. Sie rufen Ihren Kasimir beim Namen, und er eilt zu Ihnen? – ein Leckerli. Sie kontrollieren sein Gebiss, und er wehrt sich nicht mit Zähnen und Klauen? – wieder ein Leckerli. Aber denken Sie daran: Die kleinen Snacks schmecken Ihrem Sofalöwen nicht nur gut, sie haben auch Kalorien. Rechnen Sie bei intensiveren Übungsstunden die Lobesportionen in die Futterration Ihres Lieblings ein, damit Sie nicht am Ende eine zwar wohlerzogene, aber kugelrunde Katze im Haus haben.

---

### Für **Abwechslung** sorgen

Egal, wie begeistert Mieze ein neues Spielzeug akzeptiert hat – nach einigen Stunden oder Tagen des Spielens damit verliert sie das Interesse daran. Dann liegt das Teil unbeachtet herum. Räumen Sie solche Spielsachen in ein Depot, und holen Sie sie erst nach einiger Zeit wieder hervor, um sie erneut »ins Spiel zu bringen«. Doppelte Freude, doppelter Effekt!

# Strafen – nur wenn's sein muss

Lob und Belohnung ist allemal besser als Tadel und Strafe. Dieser alte Erziehungsgrundsatz gilt für Katzen ebenso wie für Menschen. Doch hin und wieder stellen einen die geliebten Samtpfoten vor Situationen, in denen eine wirkungsvolle Bestrafung ratsam wird – andernfalls werden die eigenen Nerven immer dünner. Die Betonung liegt dabei auf wirkungsvoll. Das heißt, die Strafmaßnahme muss zum einen von Mieze richtig verstanden werden (→ Seite 31), und sie muss zum anderen richtig bemessen sein. Fällt sie zu sanft aus, wird sie der Missetäter einfach ignorieren, gerät sie zu heftig, hat sie zur Folge, dass Ihr Schützling Angst bekommt vor Ihnen. Und das ist ja ganz sicher nicht das, was Sie damit erreichen wollten.

»Was ist das richtige Maß?«, werden Sie nun fragen. Darauf kann ich Ihnen keine generelle Antwort geben. Es hängt ganz vom Charakter der Katze und von der Stabilität Ihrer Beziehung ab, wie viel Tadel das Tier von Ihnen verträgt, ohne dass sein Vertrauen zu Ihnen einen Knacks bekommt. Hier ist Ihr Einfühlungsvermögen gefragt.

## Bestrafen mit Maß und Ziel

Für jeden ambitionierten Katzenerzieher stellt sich immer wieder die Frage: Wie bestrafe ich meine Katze? Was, wenn Schimpfen nicht ausreicht? (Und es reicht meistens nicht aus.) Dass die Prügelstrafe ausgeschlossen ist, versteht sich hoffentlich von selbst. Auch ein Klaps kommt nicht infrage, weder mit der Hand noch mit der Zeitung. Doch es gibt verschiedenste Möglichkeiten, Mieze unerwünschte Aktivitäten gründlich zu vermiesen und ihr »Unsitten« auszutreiben.

**Kalte Dusche** Wie hinlänglich bekannt ist, sind Katzen absolut keine Fans von kaltem Wasser. Schon gleich gar nicht, wenn es sie überraschend trifft. Stellen Sie sich also eine oder mehrere Sprühflaschen parat, wie sie für die Pflege von Zimmer-

Manchmal bedarf es keines lauten Tadels. Auch ein Kontaktabbruch kann für Mieze eine Strafe sein.

**KALTE DUSCHE** »Schießen« Sie möglichst aus der Deckung heraus, damit Ihre Katze den Wasserstrahl nicht mit Ihnen in Verbindung bringt.

**BEI SEHR ÄNGSTLICHEN KATZEN** genügt oft ein Händeklatschen. Mieze merkt sich dann: »Auf-den-Tisch-Springen erzeugt unangenehme Geräusche« – und lässt es künftig bleiben.

**SELBSTBEWUSSTE KATZEN** brauchen größere Geschütze: Der Lärm einer Schepperdose ist für viele Katzen ein »Bloß-nie-wieder!«-Erlebnis.

pflanzen im Handel sind. Regulieren Sie deren Wasserauslass nach Möglichkeit auf einen harten Strahl statt eines weichen Nebels. Die Wasserpistole Ihres Sohnes tut natürlich ebenso gute Dienste.

**Händeklatschen** Zweifellos stellt lautes Händeklatschen ein Lärmmittel dar, das wir am raschesten zur Hand haben, doch wird es lediglich bei sehr scheuen Katzen eine nachhaltige erzieherische Wirkung zeigen. Als kurzes Schrecksignal hat es aber auch bei gestandenen Familienkatzen einen guten Nutzeffekt, gewissermaßen als Hinweis: »He, du bist ertappt! Lass den Quatsch und benimm dich!«

**Lauter Knall** Plötzliche laute Geräusche können die samtpfotigen Leisetreter überhaupt nicht ausstehen. Ein explosionsartiger Knall, und ihr Selbstbewusstsein sinkt schlagartig in sich zusammen. Für einen derartigen Effekt müssen Sie nicht erst einen Luftballon zum Platzen bringen, es genügt auch, z.B. ein Buch flach auf den Tisch zu donnern.

**Heftiges Scheppern** Kreative Katzenerzieher basteln sich eine Schepperdose, indem sie beispielsweise eine leere blecherne Teedose mit einigen eisernen Schrauben oder Muttern füllen. Platzieren Sie diese Lärmwaffe möglichst griffbereit in nächster Nähe, sodass Sie damit im Bedarfsfall von einer Sekunde auf die andere einen Höllenlärm veranstalten können, indem Sie die Dose richtig kräftig schütteln. Dieses Geräusch ist ein echter Graus für Ihren Schnurri!

Als Alternative können Sie auch zum Beispiel mit einem Löffel gegen einen umgedrehten Kochtopf klopfen oder zwei Topfdeckel gegeneinanderschlagen. Hauptsache laut.

## Eine Katze denkt anders

»Wie können Katzen wissen, was ich mit meiner Erziehungsmaßnahme erreichen will?«, werde ich häufig gefragt. Können sie gar nicht. Sie machen vielmehr eine Erfahrung und reagieren darauf. Wenn Ihre Erziehung das rechte Maß und das richtige Timing hat, reagiert die Katze so, wie Sie es beabsichtigen. Aber nur dann. Versuchen Sie stets, die jeweilige Situation mit den Augen Ihrer Katze zu sehen. Nehmen wir an, Ihre Molly hat gerade angefangen, an Ihrem Sofa die Krallen zu wetzen. Doch kaum hat sie begonnen, hat sie ein ausgesprochen

scheußliches Erlebnis: Eine kalte Wasserdusche trifft sie. »Oh Graus! Nichts wie weg hier!«, ist ihre Reaktion. Sofern Sie nicht unmittelbar neben dem Tier stehen, bringt Ihre Molly das Nasswerden nicht mit der Person, die es verursacht hat, sondern mit dem Ort, wo es stattfindet, in Zusammenhang. Für die Katze bedeutet diese Erfahrung nichts anderes, als dass das Sofa ein äußerst unangenehmer Ort ist, um sich die Krallen zu wetzen, und sie es künftig tunlichst meiden wird. Lassen Sie die Blumenspritze aber noch weiterhin griffbereit im Wohnzimmer stehen – für den Fall, dass Ihre Molly zu den Katzen gehört, die mehrere Wiederholungen brauchen, bis sie eine Lektion gelernt haben.

## Ein Vorhang wehrt sich

Wenn die Situation es zulässt, sollten Sie also versuchen, bei einer Strafmaßnahme selbst nicht in Erscheinung zu treten. So bringt Ihr Schützling die üble Erfahrung nicht mit Ihnen in Verbindung und reagiert, vor allem bei wiederholten Strafen, nicht mit Misstrauen Ihnen gegenüber.

**Heilsamer Schreck** Eine wirkungsvolle Erziehungsmaßnahme kann zum Beispiel folgendermaßen aussehen: Nicht wenige junge Katzen finden größtes Vergnügen daran, an einem bodenlangen Vorhang emporzuklettern. Kaum ein Gewebe hält so etwas unbeschadet aus. Sofern der Vorhang nicht in einer Schiene läuft, sondern an einer run-

Blumen in der Vase bepföteln verboten! Um Mieze das zu vermitteln, müssen Sie sie auf frischer Tat ertappen und etwa den Wasserstrahl aus der Sprühflasche einsetzen.

den Stange befestigt ist, können Sie die Stoffbahn vorübergehend frei über die Stange drapieren. Hängt sich die Katze nun beim Klettern mit ihrem vollen Gewicht an den Stoff, zieht sie den Vorhang von der Stange herunter, und die ganze Pracht stürzt von oben auf den Missetäter herab und begräbt ihn unter sich. Welch lehrreicher Schrecken! Sie selber müssen dabei noch nicht einmal im Raum anwesend sein, der Vorhang selbst übernimmt gewissermaßen die Erziehung.

## Das richtige Timing

Eine Katze verbindet eine unangenehme Erfahrung immer nur mit der momentanen Situation. Eine Strafe ist daher grundsätzlich nur dann wirkungsvoll, wenn Sie den Missetäter auf frischer Tat ertappen. Liegt die »Untat« schon zurück, und seien es nur zehn Minuten, ist der Erziehungseffekt gleich null, oder, schlimmer noch, der Schuss geht in die falsche Richtung los. Das Resultat ist eine vollkommen irritierte Katze. Wird Pussy zum Beispiel geschimpft oder gar bestraft, weil sie sich vor einer Weile in der Küche über die bereitgestellte Sahnetorte hergemacht hat, während sie jetzt gerade satt und friedlich in ihrem Lieblingssessel döst, kann sie Ihren Unmut nur auf das Liegen im Sessel beziehen. Etwas, was bislang immer recht war, macht ihren Menschenfreund nun auf einmal wütend?

Wieso nur? Verunsichert wird sie am nächsten Tag um den Sessel herumschleichen, in der Küche hingegen wird sie ohne jegliches schlechtes Gewissen wieder auf »Raubzug« gehen.

**Zu spät**  Entdecken Sie eine Missetat Ihrer Katze erst im Nachhinein, bleibt Ihnen für dieses Mal nichts anderes übrig, als sie zähneknirschend zur Kenntnis zu nehmen und gegebenenfalls das Malheur zu bereinigen. Für die Zukunft gilt: Entweder Mieze im Auge behalten, um sie beim nächsten Mal in flagranti zu erwischen und erzieherisch einschreiten zu können, oder ihr keine Gelegenheit mehr geben für ungebührliches Verhalten, etwa Stibitzen von Leckereien. Denn Sie kennen ja das alte Sprichwort: »Gelegenheit macht Diebe.«

Ihre Katze beißt im Spiel in Ihre Hand? Brechen Sie sofort den Kontakt ab. So lernt Mieze ihre Grenzen kennen.

# VON KATZE ZU MENSCH

Nicht nur Sie möchten Ihrer Katze klarmachen, was Sie von ihr wollen, auch Mieze meldet ihre Bedürfnisse an. Das setzt voraus, dass Sie die Ausdrucksweise Ihrer Katze kennen und richtig deuten.

## Deutliche Worte

Die schwarze Nachbarkätzin und unser Tigerkater sitzen sich am Gartenzaun schon geraume Zeit gegenüber. Sie tun nichts, außer sich anzustarren, wieder wegzusehen, wieder zu starren. Nur die Schwanzspitzen zucken. Weiß der Kuckuck, welche Informationen die beiden austauschen. Wahrscheinlich geht es um Grenzverhandlungen. Nach einiger Zeit steht die Kätzin auf und trollt sich ganz langsam von dannen. Ein paar Minuten später schreitet unser Tiger hoch erhobenen Hauptes zurück zur Terrasse beim Haus.
Erwachsene Katzen können sich ungemein dezent miteinander verständigen. Verglichen damit muss eine Katze gewöhnlich erst ziemlich deutlich werden, wenn sie sich einem Menschen verständlich machen will. Doch sind die Samtpfoten in dieser Hinsicht glücklicherweise nicht nur geduldig und ausdauernd, sondern auch ausgesprochen kreativ.

### Endlich kapiert?

Unsere Stubentiger haben begriffen, dass sich die Kommunikation in der Menschenwelt hauptsächlich über Wortsprache und Gestik abspielt. Also spielen sie dabei – im gegenseitigen Interesse – mit. Während sie zur Verständigung untereinander meist mit minimalen, winzigen Bewegungen und wenigen Lautäußerungen auskommen, wirken die an einen Menschen gerichteten Aufforderungen, aber auch die Gesten der Zuneigung oftmals stark übertrieben. Oder sie werden gleich x-fach wiederholt. Man kann sich des Eindrucks nicht erwehren, dass viele Katzen uns Menschen für ziemlich begriffsstutzig halten. Im Umgang mit uns handeln sie dann nicht anders als wir, wenn wir jemandem, der sichtlich nicht kapiert, worum es geht, eine Sache besonders langsam erklären und dabei betont deutlich sprechen.

# Miezes Lautsprache

Was in unseren Augen der typische Katzenlaut ist, nämlich das helle, lang gezogene »Miau!«, verwenden erwachsene Katzen untereinander überhaupt nicht. Weil der Mensch in Miezes Augen aber eine Art »Über-Mama« darstellt, die unbegrenzt Futter beschaffen und auch sonst alle Alltagsprobleme lösen kann, ist es nur konsequent, wenn sie ihn auf dieselbe Art und Weise »anspricht« wie früher ihre Katzenmama. Dabei kann das »Miau« die unterschiedlichsten Gründe haben und sehr differenziert klingen. Immer aber will eine Katze damit ihren Menschen auf sich aufmerksam machen.

## Miau in Dur und Moll

Viele Stubentiger äußern einen kurzen Begrüßungslaut, wenn sie nach einer Revierrunde wieder von draußen hereinkommen oder man ihnen nach Längerem im Haus oder Garten begegnet. Dieses »Hallo! Nett, dich zu sehen!« hört sich auf Kätzisch an wie »Me!« oder »Ä!«, ein ganz kurzer Laut aus fast geschlossenem Mund. Nicht selten ertönt dasselbe »Hallo!« auch direkt hinter einem, wenn man gerade in irgendeine Tätigkeit versunken ist (zum Beispiel am Schreibtisch sitzt und ein Katzenbuch schreibt), während Samtpfote der Meinung ist, man solle sich jetzt besser mit ihr beschäftigen.

Viel nachdrücklicher klingt es, wenn es sich um die Aufforderung handelt, doch bitte endlich den leeren Futternapf aufzufüllen. Bei der Mehrzahl der Katzen gilt hier der Zusammenhang: Je leerer der Magen, desto häufiger und lauter das »Miau«.

Allerdings gibt es auch Katzenschauspieler, die nach einigem Miauen einen geübten »Ich-bin-die-ärmste-Katze-der-Welt«-Blick aufsetzen und mit einem herzzerreißenden stummen »Miauoooo« eine barmherzige Futterspende erreichen.

Fällt das Katzenwort vor einer geschlossenen Tür, dann bedeutet es ganz klar »Lass mich raus!« oder »Lass mich rein!«, je nachdem. Und je nach Tageslaune oder auch Charakter der Katze kann das »Miau« dabei den Tonfall eines Feldwebels haben oder wie ein klägliches Jammerlied klingen.

Nicht zu vergessen die Situation, wenn Sie sich unachtsamerweise just auf den Stuhl setzen wollen, auf dem Ihre Katze zusammengerollt schläft, oder wenn Sie Ihrem Hausgenossen bei einem unbedachten Rückwärtsschritt auf Pfote oder Schwanz treten. Dann ertönt ein gellendes »Au!« unter Weglassung des »Mi-«. Wann derart Alarm geschlagen wird, hängt ganz von der Wesensart Ihrer Katze ab. Die eine schreit schon auf, wenn man sie noch nicht einmal gestreift hat, die andere erst dann, wenn es tatsächlich wehgetan hat.

## Um Futter betteln

Haben Sie schon einmal beobachtet, wie kleine Kätzchen ihre Mutter anbetteln, wenn diese mit Beute im Maul vom Jagdausflug heimkehrt? Sie verhalten sich keinen Deut anders als Ihre Katze, die Sie um Futter anbettelt: Schwanz hoch, um die Beine schmeicheln, ungeduldig vorauslaufen, so lange miauen, bis sie etwas zwischen den Zähnen hält. Als Mensch schafft man es meist nur eine begrenzte Zeit lang, dieser kätzischen Zermürbungstaktik standzuhalten. Irgendwann siegt entweder das Mitleid mit der »armen Katze«, oder Ihre Nervenstricke reißen. Jedenfalls greifen Sie zur Futterdose – und damit hat Mieze erreicht, was sie wollte.

### »LASS MICH ENDLICH REIN!«

Millie meldet durch lautstarkes Miauen an, dass sie von ihrem Ausflug zurückgekehrt ist und nun bitte schön wieder hereingelassen werden will. Anfangs legt sie noch höfliche Warteintervalle zwischen den Rufen ein, die allerdings immer kürzer werden. Allmählich klingt ihr »Miau« aber immer dringlicher, zuletzt schreit sie in einer Lautstärke, dass die Nachbarschaft zusammenläuft. »Irgendwann muss mein Mensch mich doch hören!«

### »ICH HAB GANZ FURCHTBAREN HUNGER!«

Wenn Ihr Kater Kasimir Sie um Futter bittet, zeigt er genau dieselben Verhaltensweisen wie ein Katzenkind, das seine Mutter nach einem Beutezug um ein Stück der frisch erbeuteten Maus anbettelt. Mit steil erhobenem Schwanz streicht der Kater seiner »Übermutter« Mensch immer wieder um die Beine, reibt seinen Kopf an ihr und miaut ohne Unterlass.

### »HIIILFE, HOL MICH HIER RUNTER!«

Bei Jungkatzen kann es schon einmal passieren, dass sie sich bei ihren Kletterübungen so versteigen, dass sie sich alleine nicht mehr herabtrauen.

# Schau her, das meine ich!

Nicht nur durch Lautäußerungen, sondern auch durch demonstratives Verhalten versuchen Katzen ihrem Menschen klarzumachen, was sie von ihm wollen. Dabei erweisen sie sich oft als erstaunlich findig, Zeichen und Gesten zu entwickeln, die selbst der begriffsstutzigste Mensch versteht. Nehmen wir zum Beispiel unseren Kater Tobi. Wenn der eine geschlossene Tür aufgemacht bekommen will, stellt er sich davor hin und scharrt mit einer weit ausholenden, demonstrativen Bewegung am Türspalt. Er blickt dabei jedoch keineswegs auf die Tür, die er gerade bearbeitet, sondern über die

Schulter zurück zu mir. Sein Blick ist Bitte und Fragezeichen zugleich. Wenn ich nicht reagiere, unterstreicht er sein Gestikulieren noch mit der Stimme. Erst wenn alles nichts nützt und ich aus seinem Blickfeld weggehe, gibt er seine Mitteilungsbemühungen auf – und springt zur Klinke hoch und öffnet sich die Türe selber. Er kann es ja, er wollte sich nur die Mühe sparen, dieser Filou.

## Blicke wie Pfeile

Sehr viele Katzen wenden die Anstarr-Methode an, um Herrchen oder Frauchen zu zeigen, um was es ihnen geht. Ihr Blick bohrt sich wie ein dicker Hinweispfeil in den Gegenstand, den der Mensch doch bitte schön für sie bewegen oder betätigen soll. Sie sitzen zum Beispiel vor einer Tür und starren zur Türklinke empor. Oder sie blicken unverwandt auf den Wasserhahn, den bitte jemand aufdrehen möge, damit Mieze ein wenig trinken kann. Oder sie fixieren ihren Lieblingsstuhl so lange, bis jemand sich erbarmt und ihre Kuscheldecke auf der harten Sitzfläche ausbreitet. Katzenblicke können ja so vielsagend sein!

## »Morsen« nach Katzenart

Nicht wenige Katzen haben gelernt, durch Geräusche auf sich aufmerksam zu machen und konkrete Wünsche zu äußern. Eine derartige Verständigung entwickelt sich in einer Familie meist zufällig. Mieze

»Könntest du dort bitte für mich hinlangen?« Mieze braucht keinen Finger, ihr festgehefteter Blick wirkt wie ein Zeigestab.

»Hier, bitte, genau hier möchte ich gerne hindurch. Wärst du wohl so freundlich ...?« Viele Katzen entwickeln eine sehr deutliche Zeichensprache.

»Wenn ich laut mit dem leeren Futternapf klappere, guckt mein Mensch bestimmt gleich auf die Uhr und merkt, dass es Zeit ist für mein Abendessen.«

tut etwas, was einen ungewöhnlichen Laut erzeugt, worauf der Mensch aufmerksam wird und reagiert. Reagiert er so, wie die Katze es will, wird das Tier dieselbe Masche bei nächster Gelegenheit wieder probieren. Es wirkt erneut? Wunderbar. Damit ist das Geräusch zum gezielten Signal geworden.

**Sesam, öffne dich** In der Praxis sieht dies zum Beispiel so aus: Eines Abends stand unsere Kätzin Mia nach langem Schläfchen auf und zupfte dann mit den Krallen am Teppich. Weil durch den Zug die Teppichecke immer wieder angehoben wurde und mit lautem »Schlapp!« auf den Fliesenboden zurückschlug, wurden wir aufmerksam. »Vielleicht will sie raus«, war die Vermutung. Also öffnete ich die Terrassentür, und Mia spazierte tatsächlich hinaus. Am nächsten Abend dasselbe Spiel. Und wieder. Und wieder. Inzwischen stehen wir ganz selbstverständlich auf und öffnen die Tür, sobald wir das »Schlapp – schlapp ...« des Teppichs hören. Die findige Mia hat ihr Klopfsignal mittlerweile sogar noch differenziert. Sie »schlappt« mit derjenigen Teppich-

ecke, die zur Terrassentüre weist, wenn sie in den Garten will, und mit der gegenüberliegenden Ecke, wenn sie in den Flur will zu ihrem Futternapf.

**Für Fortgeschrittene** Neuerdings setzt sie ihre Technik auch ein, wenn sie wieder hereinwill. Sie hat entdeckt, dass die Matte draußen vor der Terrassentür ebenfalls hörbar zurückschlägt. Seither klopft sie auf diese Weise laut und deutlich an.

## Katzen **lernen schnell**

Überlegen Sie gut, worauf Sie sich einlassen! Wenn Ihr Stubentiger einmal Erfolg hatte mit seinen Bemühungen, Ihre Aufmerksamkeit zu erlangen, müssen Sie darauf gefasst sein, dass er dieselbe Methode mit größter Hartnäckigkeit immer wieder anwendet. Signale wie Scharren, Dauermiauen oder gar demonstratives Erbrechen können mächtig an den Nerven zerren.

# Mutterkatze Mensch

Es ist alles ruhig im Zimmer, Sie sitzen gemütlich im Sessel. Da kommt Ihre Minka mit steil erhobenem Schwanz herbei, springt auf Ihren Schoß und reibt sich auffordernd an Ihnen. Sobald Sie die Katze streicheln, beginnt diese zufrieden zu schnurren.

## Bitte, streichle mich!

Warum wollen Katzen eigentlich so gerne gestreichelt werden? Um das zu verstehen, müssen wir zurückblicken bis in ihre Kindheit. In den ersten Lebenswochen werden die kleinen Kätzchen von ihrer Mutter immer wieder abgeleckt und mit der Zunge massiert. Die streichelnde Menschenhand erzeugt wohl ein ähnliches Gefühl auf dem Fell wie einst die mütterliche Zunge. Folgerichtig spielt Ihr Sofalöwe Ihnen gegenüber das kleine Kätzchen. Tatsächlich kann man sagen, dass Hauskatzen zeitlebens nicht ganz erwachsen werden. Zumindest in der Beziehung zu ihren menschlichen Besitzern bleiben sie Katzenkinder. Deshalb behalten Katzen,

Zeitlebens gibt es für unsere Katzen nichts Schöneres als sanftes Streicheln. Die Menschenhand weckt wohl angenehme Kindheitserinnerungen an die pflegende Zunge der Mutter.

egal wie alt sie sind, die Angewohnheit bei, von ihrem Menschen mütterliche Zuneigung zu erbetteln, genau wie sie es mit ihrer leiblichen Mutter machten: Schwanz hoch, enges Herandrängen, um die Beine streichen – das ganze Repertoire des Schmeichelns eben.

## Wohliges Kneten und Treten

Vor allem in der Schmusestunde, wenn die Katze es sich auf dem Schoß des Menschen bequem gemacht hat, bricht das Kindchen in ihr so richtig durch. Während sie aus tiefster Kehle schnurrt, beginnen ihre Vorderpfoten, langsam und rhythmisch in den menschlichen Bauch oder Schenkel zu treten. Genau diese Bewegung zeigen Katzenkinder, die an Mamas Zitzen trinken wollen. Ihre Pfötchen massieren die Milchleiste der Kätzin und regen so den Milchfluss an. In Vorfreude auf die Nahrung läuft ihnen dabei buchstäblich das Wasser im Mund zusammen, ein unwillkürlicher Reflex, den auch wir Menschen kennen. Nicht anders bei den wohlig auf unserem Schoß tretelnden erwachsenen Katzen. Die meisten von ihnen beginnen bei ihrer Knetmassage kräftig zu sabbern.

**Ein Vertrauensbeweis** Mit ihrem Kleinkinderverhalten zeigt Ihnen Ihre Katze, dass sie sich bei Ihnen wohlfühlt. Wie enttäuschend müsste es da für das Tier sein, wenn es weggeschoben würde. Woher sollte es auch wissen, dass das »Fell« seiner Ersatzmutter nicht dick genug ist, um die spitzen Krallen wirkungsvoll zu dämpfen. Beißen Sie daher lieber die Zähne zusammen, wenn's bei der Schmusestunde mal pikst. Besser noch, weil weniger schmerzhaft: Breiten Sie sich eine Decke über den Schoß. Je kuscheliger diese ist, desto lieber wird sich Ihr Schnurri darauf niederlassen, da sie ihn an das weiche Fell seiner leiblichen Mutter erinnert.

## Katzen und **Kinder**

TIPPS VON
DER KATZEN-EXPERTIN
**Helga Hofmann**

Kinder lieben Katzen. Doch schlagen sie beim Spielen mit ihnen leicht über die Stränge. Fühlt sich Mieze bedroht, wird sie ihren menschlichen Spielgefährten in seine Grenzen weisen. Das endet nicht selten mit Kratzern und Tränen.

**SPRACHUNTERRICHT** Erklären Sie dem Kind die Zeichen, mit denen eine Katze zeigt, welche Laune sie hat. Kinder sind meist exzellente Beobachter, die die Katzensprache rasch verstehen.

**RÜCKSICHTNAHME** Ängstliche Katzen werden durch schreiende Kinder noch mehr verschreckt. Bitten Sie die Kinder, lautstarke Spiele draußen oder in einem anderen Raum zu spielen.

**NARRENFREIHEIT** Viele erwachsene Katzen sind Kleinkindern gegenüber erstaunlich geduldig und lassen sich von den kleinen Grapschhändchen oft Grobheiten gefallen, die sie bei Erwachsenen längst mit einem Krallenhieb quittiert hätten. Doch sollten Sie sich nicht darauf verlassen. Behalten Sie ein Krabbelkind plus Katze stets im Auge, damit Sie einschreiten können, wenn die Kontaktversuche zu grob ausfallen.

# Wie sag ich's meinem Menschen?

Stimme, Bewegung, Pfote – Katzen setzen die veschiedensten Mittel ein, um sich den Menschen verständlich zu machen. Und gewöhnlich ist es nicht schwer zu erraten, was sie wollen…

## 1 Anmaunzen

Menschen verständigen sich mit Lauten, das hat Findus begriffen. Nun, da kann er mithalten. Ob laut oder leise, energisch oder zaghaft – gewöhnlich lernt der Mensch recht schnell, was ihm die Varianten des Miauens sagen sollen.

## 2 Bauch entgegenstrecken

Unvermittelt wirft sich Ihre Katze zu Ihren Füßen oder neben Ihrem Stuhl auf den Boden, den Bauch nach oben gereckt, den Blick erwartungsvoll auf Sie gerichtet. Eine deutliche Aufforderung, dass Ihr Liebling unbedingt gestreichelt werden will, zugleich aber auch ein großer Freundschafts- und Vertrauensbeweis. Enttäuschen Sie ihn nicht!

## 3 Um die Beine streichen

Rechtsherum und linksherum… Man kann schwer weitergehen, wenn einem eine Katze um die Beine streicht. Dieses Verhalten stammt aus ihrer Kindheit, als das Kätzchen so die heimkehrende Mutter um Futter anbettelte. Mama rückte die Maus aber erst an einem sicheren Platz heraus. Der Mensch gibt dem Schmeicheln irgendwann – lächelnd oder seufzend – nach und füllt den Futternapf.
Ein kurzes Streifen am Hosenbein kann aber auch eine freundliche Begrüßung darstellen, z.B. wenn Sie nach einigen Stunden Abwesenheit nach Hause zurückkommen und Ihre Katze Ihnen schon im Gar-

ten entgegenläuft. Dann heißt es: »Schön, dass du wieder da bist! Ich hab schon auf dich gewartet.«

## 4 Anstupsen mit der Pfote

Sanft, ganz sanft legt Mieze ihre Samtpfote an Ihr Bein. Die Krallen bleiben dabei verborgen, die Berührung ist nur ein zartes Antippen. Treuherzig blicken die Katzenaugen dabei nach oben, fragend legt sich das Köpfchen schief. So menschlich wirkt diese Geste und so rührend, dass ihr kaum jemand widerstehen kann. Auf diese Weise bekommt Mieze nicht nur Aufmerksamkeit, sondern ganz sicher auch die gewünschten Streicheleinheiten.

## 5 Jetzt reicht's!

Gerade noch hat Jamie wohlig geschnurrt und Ihre Liebkosungen genossen. Aber jetzt hat er genug. Er zeigt es Ihnen, indem er die Ohren zurücklegt, doch Sie reagieren nicht auf das Signal. Da muss er deutlicher werden. Ein kurzes Fauchen und eine Vorwarnung mit den Krallen machen Ihnen klar, dass Sie Ihren Kater jetzt besser in Ruhe lassen sollten.

### Achtung, **Leisetreter!**

Katzen kommen oft ganz heimlich, still und leise von hinten herbeigeschlichen, um zu Ihren Füßen um Streicheleinheiten zu bitten oder auf ihr Futter zu warten. Ein unbedachter Schritt zurück kann Mieze dann empfindlich verletzen. Auch der Schreibtischstuhl, unachtsam nach hinten geschoben, kann mit seinen Rollen der Katze schmerzhafte Quetschungen zufügen.

# Missverständnisse unter Vierbeinern

Oft sind Katzen nicht die einzigen tierischen Familienmitglieder. Sei es, dass Töchterlein unbedingt ein Meerschweinchen will, sei es, dass Sohnemann für Rennmäuse schwärmt und Vater seit eh und je einen Schäferhund hatte – unsere Samtpfoten sehen sich in ihrem Zuhause häufig mit anderen Tieren konfrontiert.

## Wie Hund und Katz'

Von fremden Hunden halten Katzen ja im allgemeinen respektvollen Abstand, insbesondere wenn diese größer sind als sie selber. Doch wenn Mieze

und Bello gut miteinander bekannt, gar miteinander aufgewachsen sind, können sie beste Freunde werden. Beide Tiere lernen dann die Gepflogenheiten und Ausdrucksweisen des jeweils anderen kennen und verstehen, und mit der Zeit gehen sie ganz selbstverständlich miteinander um.

**Fremde Gäste**  Anders, wenn fremde Hunde zu Besuch kommen. Dann steht eine Sprachbarriere dem freundschaftlichen Umgang im Weg. Nehmen wir den Fall, ein Gast hat seinen jungen Dackel mitgebracht. Ihr Kater Rufus starrt mit einer Mischung aus Empörung und Misstrauen auf den Hund. Was erlaubt sich dieser kurzbeinige Typ eigentlich, in sein Zuhause einzudringen? Soll er, Rufus, nun sein Revier verteidigen oder sich vorsichtshalber doch lieber aus dem Staub machen? Unschlüssig lässt er seinen Schwanz hin- und herpeitschen.

**Anders gemeint**  Dackel Basti hingegen ist arglos, gutmütig und immer zum Spielen aufgelegt. Als er den möglichen Spielpartner entdeckt, der ihn (vermeintlich freundlich) wedelnd begrüßt, läuft er, seinerseits eifrig wedelnd, schnurstracks auf diesen zu. Er will den neuen Freund zum Spielen auffordern und hebt eine Pfote. Zu Bastis Freude tut der Kater dasselbe. Also dann, spielen wir eine Runde! Doch – auaa! – da fahren scharfe Krallen quer über seine Nase, und ein fauchender Derwisch springt an ihm vorbei auf den Schrank. Tja, typischer Fall von Missverständnis (→ Tabelle rechts)!

Der Hamster passt genau in das Beuteschema der Katze und löst damit unweigerlich deren Jagdtrieb aus. Keine Basis für wahre Freundschaft!

**Stress vermeiden**  Lassen Sie daher stets eine gewisse Vorsicht walten, wenn Ihre Samtpfote im Haus mit einem Hund konfrontiert werden soll. Eine solche Begegnung bedeutet in jedem Fall Stress für die Katze, der von Empörung bis zu panischem Schrecken reichen kann. Insbesondere Kätzinnen werden manchmal zu wahren Löwinnen, wenn es darum geht, ihr Wohnrevier zu verteidigen. Während sie im Freien bei jedem Anblick eines Hundes blitzartig auf einen Baum sprinten, springen sie ihm in der Wohnung womöglich glatt ins Gesicht. Eine vor allem für die Menschen unangenehme Konsequenz aus dem hündischen Besuch kann sein, dass Ihr Stubentiger in der Folge sein Revier geruchsintensiv mit Urin markiert (→ Seite 56).

## Katze und Kleintiere

Je größer die Unterschiede zwischen den Tierarten, desto geringer die Basis für eine Verständigung.
› Das Zusammenleben zwischen Katze und (erwachsenem) Kaninchen oder Meerschweinchen gestaltet sich in der Regel ziemlich unproblematisch, denn die Tiere interessieren sich nicht besonders füreinander. Solange beide Seiten keine schlechten Erfahrungen mit dem anderen machen, akzeptiert man sich gegenseitig.
› Anders bei kleinen Nagern wie Mäusen oder Hamstern oder auch bei Vögeln. Kein Problem zwar, solange diese in ihren Käfigen sitzen, doch lassen Sie sie besser nicht in Schnurris Beisein frei laufen oder fliegen. Auch in der sanftesten Sofakatze schlummert nämlich ein ausgeprägter Jagdtrieb. Und der wird geweckt durch alles, was klein ist und sich bewegt. Wenn Sie in diesem Moment gerade nicht im Raum sind, nun, dann gnade Gott dem Fell- oder Federbündel! Wirkliche Freundschaft gibt es zwischen Katze und Maus/Vogel nicht.

## Hunde- und Katzensprache

| VERHALTEN | BEDEUTUNG |
|---|---|
| HIN- UND HERSCHLAGEN MIT DEM SCHWANZ | Hund: »Ich möchte dich begrüßen und bin dir ausgesprochen freundlich gesonnen.« Katze: »Soll ich oder soll ich nicht? Da bin ich jetzt wirklich unsicher. Wie soll ich mich bloß entscheiden. Voll ärgerlich, so eine Situation!« |
| ANHEBEN DER VORDERPFOTE | Hund: »Willst du nicht ein kleines bisschen mit mir spielen? Komm, mach mit!« Katze: »Zieh bloß Leine, sonst bekommst du gleich meine Krallen zu spüren! Ich meine es absolut ernst!« |
| KNURREN (HUND)/ SCHNURREN (KATZE) | Hund: »Achtung! Was du tust, passt mir überhaupt nicht. Keinen Schritt weiter, sonst greife ich an!« Katze: »Ich fühle mich absolut wohl in deiner Gegenwart und bin total friedlich eingestellt. Es könnte mir nicht besser gehen.« |

# Missverständnisse Mensch und Katze

Auch in den besten Partnerschaften kommt es gelegentlich zu Missverständnissen. Warum sollte dies in der Beziehung zwischen Mensch und Katze anders sein? Der häufigste Fehler, der von Katzenfreunden – bei aller Liebe – immer wieder gemacht wird, ist, das Tier zu vermenschlichen. Selbst auf die Gefahr hin, dass ich mich wiederhole: Bemühen Sie sich darum, sich in Ihre Katze hineinzuversetzen und die Welt aus Katzensicht zu sehen.

### Begrenzter Wortschatz

Überlegen Sie, was Ihr Sofatiger tatsächlich verstehen kann und was nicht. Wenn Sie z.B. als Verbotswort heute »Nein!« sagen, morgen »Pfui!« und übermorgen »Lass das!«, werden die meisten Katzen Sie ziemlich ratlos anblicken. Das alles soll dasselbe heißen? Damit ist Mieze überfordert. Einigen Sie sich daher mit sich selbst und mit Ihrer Familie auf ein Wort, mit dem Sie ein Verbot ausdrücken.

Natürlich gilt dasselbe sinngemäß für sämtliche Kommandos, die Sie bei der Katzenerziehung einsetzen wollen. Je klarer und eindeutiger Ihre Wortwahl, desto leichter machen Sie es Ihrer Samtpfote, zu verstehen, was Sie von ihr wollen.

### Mieze versteht keinen Spaß

So viele gute Eigenschaften Katzen auch haben, mit Humor sind sie nicht gesegnet. Vor allem Ulk, der auf ihre Kosten geht, finden sie überhaupt nicht witzig. Halten Sie sich daher mit Spaßaktionen zurück, wenn Sie sich das Vertrauen Ihrer Katze nicht verscherzen wollen.

Insbesondere Kinder, die sich ja gern an Rollenspielen begeistern, kommen nur allzu oft auf die Idee, den Spielpartner Katze mit furchterregenden Attacken »anzugreifen«. Sie spielen z.B. »wilder Tiger« und springen fauchend auf Schnurri zu. Dieser flüchtet entsetzt unters Sofa, denn er kann solche Scherze nicht von Realität unterscheiden und fühlt sich ernsthaft angegriffen. Zudem ist er maßlos enttäuscht und verwirrt darüber, dass sein großer Freund Mensch sich aus heiterem Himmel zum Feind gewandelt hat. Je nach Charakter und Selbstbewusstsein des Tiers kann es lange dauern, bis sein Vertrauen wiederhergestellt ist.

### Ein undankbarer Kerl?

Kommt Ihnen folgende Situation bekannt vor? Ihr Schmusetiger wirft sich vor Ihnen auf den Boden

Katzen sind prima Freunde für einfühlsame Kinder, aber keine Spielpartner für wilde Rollenspiele.

und reckt Ihnen sein Bäuchlein entgegen. Sie kommen seinem Wunsch nach Streicheleinheiten gerne nach, und er schnurrt wohlig. Das animiert Sie dazu, den weichen Katzenbauch noch stärker zu knuddeln. Plötzlich packt die Katze blitzschnell mit den Krallen Ihre Hand und beißt hinein.

Statt Ihre Mieze gleich als »undankbares Vieh« zu beschimpfen, sollten Sie sich lieber selber der Un-aufmerksamkeit bezichtigen. Sie haben offenbar die Signale der Katze, die Ihnen ihren Stimmungsumschwung anzeigen sollten, nicht beachtet: den zuckenden Schwanz, die sich allmählich seitwärts drehenden Ohren, die sich verengenden Pupillen. All dies besagt: »Es reicht jetzt!« Die Hand, die für die Katze zunächst die Rolle der pflegenden Mutterzunge spielte (→ Seite 46), wird nach und nach zur

**1 VERLEGENHEITSPUTZEN** Sie haben Ihre Molly soeben gründlich ausgeschimpft. Nun putzt sie sich seelenruhig, statt sich zu verkrümeln. Ganz schön frech, denken Sie? Nein, eher ein Zeichen von Unsicherheit. Wenn Ihre Katze nicht weiß, was sie jetzt tun soll, setzt sie sich hin und putzt sich. Das ist eine Verlegenheitsgeste, ähnlich wie wenn wir uns hinter dem Ohr kratzen.

**2 SCHNURREN ZUR BESCHWICHTIGUNG** Wenn eine Katze sich wohlfühlt, schnurrt sie. Warum aber tun es manche auch auf dem Tisch des Tierarztes? Das Schnurren zeigt an, dass Mieze friedlich gestimmt ist und dass die Katze sich in ihr Schicksal ergeben hat. Sie will damit jeglicher Aggression ihres Gegenübers vorbeugen, um die Situation nicht noch zu verschlimmern.

**3 GRAS FRESSEN** So mancher Katzenhalter ist irritiert, wenn er seinen Liebling Gras fressen sieht. Hunger ist sicher nicht der Grund. Gras und andere Pflanzenblätter erleichtern der Katze das Hochwürgen verschluckter Fellhaare, und das Tier weiß dies instinktiv. Wohnungskatzen vergreifen sich daher oft an Zimmerpflanzen, wenn ihnen kein spezielles Katzengras angeboten wird.

bedrohlichen Riesenpfote. Irgendwann »kippt« die Stimmung, und die Katze wehrt sich. Übrigens: Auch wenn der Biss Ihrer Katze für Sie schmerzhaft ausfällt, stellt er in der Regel doch lediglich eine Verwarnung dar, bei der das Tier nur andeutet, aber nicht wirklich Ernst macht.

## Verschmähte Liebesgaben

Ihr Samtpfötchen hat Ihnen eine blutig zerkaute Maus oder einen halb gerupften Vogel zu Füßen oder vors Bett gelegt? Aus Menschensicht verständlich, dass Sie davon nicht wirklich begeistert waren.

Aus Katzensicht nicht. Ihr Liebling könnte Ihnen nämlich kein größeres Geschenk machen. Für gewöhnlich teilen Katzen ihre Beute nicht, lediglich die Mutterkatze bringt sie ihren Jungen als Futter mit nach Hause. Nun besteht – ich erwähnte es schon – zwischen Katze und Mensch eine Art Mutter-Kind-Verhältnis. Zwar spielt normalerweise der Mensch die Rolle der Futter spendenden Mutter, aber um ihre enge Verbundenheit zu demonstrieren, dreht die Katze den Spieß auch mal um und bringt Ihnen das Futter.

Wie unverständlich und enttäuschend muss es für Mieze dann sein, wenn ihr tolles »Geschenk« zurückgewiesen oder sie gar dafür getadelt wird.

**Mein Tipp** Keine Schelte, sondern Taktgefühl! Loben und streicheln Sie Ihre tüchtige Jägerin. Lenken Sie sie dann ab, z.B. mit einigen Leckerlis als Gegenbeweis Ihrer Zuneigung, und lassen Sie das gut gemeinte Präsent unauffällig verschwinden.

## Der Augenblick zählt

Von dem bekannten argentinischen Schriftsteller Jorge Luis Borges stammt das wunderbare Zitat: »Der Mensch lebt in der Zeit, im Ablauf der Dinge, das zauberische Tier aber lebt in der Ewigkeit des Augenblicks.« Ein entscheidender Unterschied, den wir uns immer wieder in Erinnerung rufen sollten, wenn es einmal darum geht, befremdliche Reaktionen unserer Katze zu verstehen und Missverständnisse zu vermeiden.

Nehmen wir an, Sie haben Besuch bekommen. Die Gäste haben im Wohnzimmer Platz genommen, und Sie freuen sich darauf, einen netten Abend zu

Carlos findet es nicht nett, dass »die Neue« alle Aufmerksamkeit seines Menschenfreunds bekommt.

verbringen. Ihr junger Kater Cicero sieht das jedoch völlig anders. Fremde sind in sein Revier eingedrungen, haben seinen Lieblingsplatz auf dem Sofa besetzt und stehlen ihm die Aufmerksamkeit seiner Menschen, sodass seine abendliche Schmusestunde ausfällt. Das alles findet er überhaupt nicht toll. Die Eindringlinge sind viel zu groß, um sie mit Katzenkraft vertreiben zu können, und seine Menschen scheinen keinerlei Anstalten zu machen, das Familienrevier zu verteidigen.

Woher soll Cicero auch wissen, dass die Gäste in einigen Stunden wieder gehen werden? Für ihn steht die Welt kopf. Je nach Temperament wird er sich entweder völlig verunsichert verkriechen oder aber auf Katzenart protestieren, etwa durch demonstrative Unsauberkeit. Was ihm zusätzlich noch Schelte von Herrchen oder Frauchen einträgt und damit die Situation nur noch schlimmer macht.

Ihre Katze bringt Ihnen eine erbeutete Maus? Verkneifen Sie sich einen Entsetzensschrei. Es ist Miezes Art, Ihnen ihre enge Verbundenheit zu zeigen.

## Mit Veränderungen richtig umgehen

Anderes Beispiel: Sie haben beschlossen, die Wände zu streichen. Die Möbel werden zusammengestellt, alles wird abgedeckt, es riecht nach Farbe. Für Katzen ein Horrorszenarium. Das Kerngebiet ihres Reviers, ihr Zuhause, in dem sie sich stets sicher gefühlt haben, wurde von einem Tag auf den anderen zu einem Chaos. Das Tier weiß nicht, dass es sich nur ein, zwei Tage gedulden muss, dann steht alles wieder an seinem Platz. Es kennt bloß den gegenwärtigen Zustand, und der ist furchterregend. Nur stoische Gemüter unter den Samtpfoten nehmen Renovierungsarbeiten in ihrem Zuhause gleichmütig hin. Der Rest reagiert irgendwo zwischen hysterisch und total verängstigt. Da hilft weder gutes Zureden noch langes Erklären. Mit Versprechungen für die Zukunft lässt sich keine Katze trösten. Lassen Sie daher wenigstens einen Raum unangetastet, in dem Ihr Liebling, versorgt mit Futternapf, Kratzbaum, Schlafkissen, Katzentoilette etc., das Ende der Renovierungszeit abwarten kann. Ihre Katze vermag eine vorübergehende Veränderung in ihrem Lebensumfeld erst dann als harmlos hinzunehmen, wenn sie mehrfach die Erfahrung gemacht hat, dass sich bald alles wieder normalisiert. Diesen Lernprozess sollten Sie dem Tier ermöglichen, vor allem, wenn Sie es mit einem Sensibelchen zu tun haben. Laden Sie z.B. mehrmals Gäste ein, und halten Sie die Besuche zunächst kurz. Oder stellen Sie in der Wohnung etwas um, was Sie nach einigen Stunden wieder rückgängig machen. Es genügt ja schon, den Sessel vorübergehend in eine andere Ecke zu schieben. Auf diese Weise wird Ihr Stubentiger lernen, dass gelegentliche Veränderungen zur Menschenwelt gehören, und sich nicht mehr jedes Mal fürchten.

# Probleme mit »unartigen« Katzen

Bei aller Liebe und Fürsorge, die wir unseren Sofatigern entgegenbringen – gelegentlich kommt es doch zu Situationen, in denen die Harmonie gestört ist. Dann nämlich, wenn bestimmte Verhaltensweisen der Tiere nicht unseren Vorstellungen von Zusammenleben, Hygiene oder Unversehrtheit des Eigentums entsprechen. Schnell ist von Verhaltensstörung die Rede, doch meist handelt es sich um ein Verhalten, das für Katzen völlig normal ist und das nur wir in unserem menschlichen Zuhause als störend empfinden. In anderen Fällen hat Mieze etwas auszusetzen an ihrer Situation und versucht uns das klarzumachen. Unglücklicherweise können Katzen nicht in unserer Sprache mit uns reden. Sie schöpfen ihre arteigenen Ausdrucksmöglichkeiten aus, und es ist an uns, diese richtig zu interpretieren. Wenn erste Signale von uns Menschen unbeachtet bleiben, greift Mieze oft zu drastischeren Methoden. Sie lässt dann nicht selten Taten folgen,

deren Zusammenhang mit der jeweiligen Situation nicht in jedem Fall leicht zu erkennen ist. Bevor Sie aber Ihre Katze für ihr »ungezogenes« Verhalten tadeln, sollten Sie zunächst erforschen, was Ihnen Ihr Liebling damit sagen will.

## Ärgernis Nummer 1: Unsauberkeit

Es kommt in den besten Familien vor, dass sich eine Pfütze oder gar ein übel riechendes Würstchen an einer grundfalschen Stelle findet. Dieses leidige Problem kann bei jungen oder alten, bei Wohnungs- oder Freigängerkatzen, bei Einzel- oder Gruppentieren auftreten, und es kann die unterschiedlichsten Gründe haben.

› Was die Beschaffenheit ihrer Toilette angeht, sind die meisten Katzen ziemlich eigen: Ist das Klo zu verschmutzt, stinkt es ihnen im wahrsten Sinne des Wortes, und sie verweigern glattweg die Benutzung. Meist findet man ihre Hinterlassenschaften dann ganz in der Nähe der Toilette. Kann aber auch sein, Sie haben eine neue Sorte Einstreu verwendet, die Ihr Mikesch nicht »riechen kann«, oder die Wanne mit einem scharfen Putzmittel gereinigt, oder eine andere Katze der Familie hat sich erdreistet und sein Klo benutzt, oder Mikesch schätzt keine höhlenartige Abdeckung über seinem Örtchen.
› Kann auch sein, Ihr Stubentiger hat im Zusammenhang mit seiner Toilette eine schlechte Erfahrung gemacht, die ihn nun die Stelle meiden lässt. Hat er sich zum Beispiel einmal fürchterlich er-

In Sachen Toilette ist Mieze heikel. Passt sie ihr nicht, kann das Unsauberkeit zur Folge haben.

schrocken, während er in der Toilette gerade sein Geschäft verrichtete? Steht das Katzenklo etwa neben der Waschmaschine, und die startete just in diesem Moment mit dem Schleudergang? Oder steht es im Flur unter der Türklingel, und diese schellte ausgerechnet dann? In einem solchen Fall hilft es gewöhnlich, wenn Sie der Katzentoilette einen anderen Platz geben.

› Ein weiterer, gar nicht seltener Grund für eine ärgerliche Pfütze oder gar größere Hinterlassenschaften: Die Katze wurde versehentlich in einem Zimmer oder in einem Schrank eingeschlossen. Selbstredend, dass das Tier in diesem Fall nicht die geringste Schuld trifft. Achtung auch bei der Beseitigung: Wenn Sie die Stelle des Malheurs nicht sehr gründlich reinigen (Wasser und Seife reichen nicht!), wird sie von der Katze gern als Toilettenplatz beibehalten. Schließlich riecht sie danach. Verwenden Sie zum Reinigen am besten Essigwasser oder Spiritus, das hilft meistens.

› Eine Pfütze im Wohnbereich, nicht verschämt in einer Zimmerecke, sondern demonstrativ mitten auf dem Teppich, auf dem Sofa oder auf dem Bett, ist oft Miezes drastische Art, die Menschen auf einen Missstand aufmerksam zu machen. Statt einer Pfütze sind auch gesprühte Urinmarkierungen möglich, vor allem bei unkastrierten Katzen (beiderlei Geschlechts übrigens). Doch schimpfen Sie Ihren Stubentiger nicht aus. Er will mit seiner Aktion keineswegs mit dem Säbel rasseln, sondern zeigt im Gegenteil, dass er sich in seinem Heim neuerdings unsicher fühlt. Indem er seine stärkste Duftmarke setzt, macht er nicht nur seinen Besitzanspruch deutlich, sondern vermittelt auch sich selbst ein Gefühl der Sicherheit. »Wo es so eindeutig nach mir riecht, bin ich ungefährdeter Revierinhaber.« Hat sich für Ihre Katze in letzter Zeit etwas Gravie-

## Ein Fall für den **Tierarzt**

TIPPS VON
DER KATZEN-EXPERTIN
**Helga Hofmann**

Benimmt sich Ihre Katze aus unerfindlichen Gründen plötzlich merkwürdig? Dann sollten Sie stets daran denken, dass eine Erkrankung oder Verletzung dahinterstecken könnte. Stellen Sie Ihren Liebling im Zweifelsfall immer einem Tierarzt vor!

**AGGRESSIV** Möglicherweise hat Ihre Katze eine äußerlich nicht erkennbare schmerzende Körperstelle, sei es eine Entzündung, sei es eine Prellung oder ein Knochenbruch. Wenn Sie das Tier hochheben oder anderweitig berühren und dabei an die schmerzende Stelle kommen, wird Ihre Katze Ihre Hand heftig abwehren.

**ÜBERÄNGSTLICH** Ihre Katze wirkt von einem Tag auf den anderen völlig verängstigt und verkriecht sich nur noch? Vielleicht hat sie anhaltende Schmerzen, denen sie wie einem übermächtigen Feind durch Verstecken entkommen will.

**UNSAUBER** Dies kann die Folge einer schmerzhaften Blasenentzündung oder einer von Krämpfen begleiteten Durchfallerkrankung sein. Das Tier bringt die Katzentoilette mit den Schmerzen in Verbindung – und meidet diesen Ort.

rendes verändert, das sie zutiefst verunsichert? Vielleicht ist ein neues Familienmitglied eingezogen? Oder eine neue Katze? Wurde das Wohnzimmer neu möbliert, oder sind Sie womöglich umgezogen? Helfen Sie Ihrer Katze, mit der neuen Situation fertig zu werden, indem Sie ihr besonders viel Aufmerksamkeit widmen und sie liebevoll behandeln.

**›** Lässt sich keine andere plausible Erklärung für eine plötzliche Unsauberkeit Ihrer Katze finden, sollten Sie auch eine Erkrankung in Erwägung ziehen und Ihren Liebling unbedingt dem Tierarzt vorstellen. Zum Beispiel können Katzen, genau wie wir Menschen, Blasenentzündung bekommen. Das Urinieren tut dann höllisch weh. Die Katze bringt die-

sen Schmerz womöglich mit dem Ort, wo sie ihn erleidet, in Zusammenhang, also mit ihrer Toilette – und meidet diesen Platz tunlichst.

## Kratzorgien in der Wohnung

Eine weitere »Unart« der Katze, die in der Wohnung störend wirkt, ist das leidige Kratzen. Doch Mieze zupft nicht aus Bosheit mit ihren Krallen Fäden aus dem Sofabezug, sondern weil es dem normalen Katzenverhalten entspricht, durch Krallenwetzen das eigene Wohnrevier zu markieren (→ Seite 19). Kann sie ihre Bedürfnisse anderweitig befriedigen, lernt sie auch bereitwillig, dass manche Besitztümer des Menschen für sie tabu sind. Wie Sie das Tier am besten dazu kriegen, von Sofa & Co. die Krallen zu lassen, lesen Sie im Kasten rechts.

## Überschüssige Energie

**Attacken gegen Menschenknöchel** Katzen, die aus dem Hinterhalt Angriffe gegen menschliche Beine starten, machen sich nicht nur bei nylonbestrumpften Damen äußerst unbeliebt. Hinter diesem aggressiven Verhalten steckt meist schlicht und einfach ein unausgelebter Jagdtrieb. Unsere Stubentiger sind und bleiben nun mal Raubtiere. Wenn es in ihrem Alltag zu wenig »action« gibt – was bei reinen Wohnungskatzen leider sehr häufig der Fall ist –, stauen sich Bewegungsdrang, Jagd- und Kampftrieb so weit auf, bis sie schließlich durchbrechen. Menschenfüße müssen dann oft als Ersatzbeute herhalten. Sie werden hinter einer Ecke belauert und mit einem schnellen Satz »gefangen«.

Ein dafür vorgesehenes, geeignetes Kratzmöbel in der Wohnung sorgt dafür, dass das übrige Mobiliar von Miezes Krallen unbehelligt bleibt.

Auch wenn der wilde Jäger gleich wieder loslässt – der Kralleneinsatz tut ganz schön weh, vom Schrecken ganz zu schweigen.

**Vandalismus** Andere Stubentiger vergnügen sich damit, in der Wohnung zu randalieren. Sie machen aus Zeitschriften Konfetti und Blumengestecke zu buntem Potpourri, turnen über Tellerborde und hangeln sich an Vorhängen empor – und rufen mit diesen Aktionen bei ihren menschlichen Mitbewohnern wenig Begeisterung hervor.

Abhilfe schaffen lässt sich im einen wie im anderen Fall durch mehr Abwechslung und Bewegung im Katzenalltag. Spielen Sie regelmäßig und ausgiebig mit Ihrer Katze, vorzugsweise Fangen und Geschicklichkeitsspiele. Vor allem bei Berufstätigen kann auch eine zweite Katze als Spielkamerad die Lösung sein. Die vermehrte Bewegung beugt nicht nur aggressiven Ausbrüchen vor, sondern hält Ihre Katze zudem noch topfit.

## Echte Verhaltensstörungen

Ein tatsächlich unnormales Verhalten, etwa übersteigerte Aggressivität gegenüber Menschen oder übertriebene Ängstlichkeit, hat seine Ursache in aller Regel in sehr schlechten Erfahrungen, die die Katze einmal machen musste. Das Tier hat das Vertrauen verloren, und es erfordert nun Geduld, Geduld und nochmals Geduld, um es nach und nach wieder aufzubauen.

Ohne Zweifel: Echte Verhaltensstörungen können für das Zusammenleben mit dem Hausgenossen stark belastend sein. Eine große Portion Verständnis, Toleranz und katzengerechtes Denken bzw. Einfühlungsvermögen ist da gefragt. Wer sich damit überfordert fühlt und nicht mehr weiterweiß, kann Rat und Hilfe finden bei einem erfahrenen Verhaltenstherapeuten für Katzen.

Regelmäßiges Krallenwetzen gehört einfach zu einer Katze. Steht kein Kratzbaum zur Verfügung, muss eben der Sessel dafür herhalten.

## Unerwünschtes Kratzen – was tun?

**ALUFOLIE** Kaschieren Sie eine missliebige Kratzstelle, ob Möbelteil oder Tapetenstück, vorübergehend mit Alufolie. Das glänzende, knisternde Zeug mögen Katzen überhaupt nicht.

**KLEBEBAND** Gänzlich widerlich finden es Katzen, wenn sie irgendwo kleben bleiben. Von Stellen, die mit doppelseitigem Klebeband präpariert sind, wird Mieze rasch die Krallen lassen.

**HIER HUI, DORT PFUI** Setzen Sie auf die Macht der Düfte! Unerwünschte Kratzstellen können Sie Ihrer Katze vergällen, indem Sie diese mit Zitrus- oder Knoblaucharoma »beduften«. Machen Sie Ihrer Katze umgekehrt ihren Kratzbaum attraktiv, indem Sie ihn mit Katzenminze einreiben.

Die Inhalte dieses Buches beziehen sich auf die Bestimmungen des deutschen Tier- und Artenschutzes. In anderen Ländern können die Angaben abweichend sein. Erkundigen Sie sich daher im Zweifelsfall bei Ihrem Zoofachhändler oder bei der entsprechenden Behörde.

## Adressen

> Fédération Internationale Féline (FIFe), LU-2015 Luxembourg, www.fifeweb.org
> 1. Deutscher Edelkatzenzüchterverband e.V. (1. DEKZV e.V.), Mühlweg 4, 35614 Asslar, www.dekzv.de
> Deutsche Rassekatzen-Union e.V. (D.R.U.), Geschäftsstelle: Hauptstr. 21, 56814 Landkern, www.dru.de

### Wichtiger Hinweis

> Schutzimpfungen und Entwurmungen in regelmäßigen Abständen sind notwendig, um die Gesundheit von Mensch und Tier nicht zu gefährden.

> Da einige Krankheiten und Parasiten auf den Menschen übertragen werden können, sollten Sie im Zweifelsfall zum Tierarzt gehen. Das gilt besonders, wenn Sie von einem Tier gebissen wurden.

> Menschen mit Tierhaar-Allergie sollten vor der Anschaffung einer Katze ihren Arzt fragen.

> Österreichischer Verband für die Zucht und Haltung von Edelkatzen (ÖVEK), Liechtensteinstr. 126, A-1090 Wien, www.oevek.at
> Fédération Féline Helvetique (FFH), Alfred Wittich (Präsident), Büntacher 22, CH-5626 Hermetschwil, www.ffh.ch
*(Anschriften von Katzenclubs und -vereinen können Sie bei den vorgenannten Verbänden erfragen.)*
> Deutscher Tierschutzbund e.V., In der Raste 10, 53129 Bonn, www.tierschutzbund.de

Hier erhalten Sie Adressen von Tierarztpraxen, die mit Naturheilverfahren arbeiten:
> Gesellschaft für ganzheitliche Tiermedizin e.V. (GGTM), www.ggtm.de,

## Fragen zur Haltung

beantworten Ihr Zoofachhändler und der Zentralverband Zoologischer Fachbetriebe Deutschlands e.V. (ZZF), www.zzf.de, Online-Portal des ZZF: www.my-pet.org, Tel. 06 11/44 75 53 13 (Mo 12–16 Uhr, Do 8–12 Uhr)

## Registrierung von Katzen

> TASSO e.V., Abt. Haustierzentralregister, 65843 Sulzbach/Taunus, Tel. 06190/937300, www.tasso.net, E-Mail: info@tasso.net
> Deutsches Haustierregister, Deutscher Tierschutzbund e.V., In der Raste 10, 53129 Bonn, www.findefix.com
> Internationale Zentrale Tierregistrierung (IFTA), Nördliche Ringstr. 10, 91126 Schwabach, Tel. 00800/

43820000 (kostenlos), www.tierregistrierung.de

## Bücher

> Ludwig, Gerd: Katzen. Das große Praxishandbuch. Gräfe und Unzer Verlag, München
> Morris, Desmond: Catwatching. Die Körpersprache der Katze. Heyne Verlag, München
> Tabor, Roger: Die Sprache der Katze. Ulmer Verlag, Stuttgart

## Zeitschriften

> die edelkatze. Illustrierte Fachzeitschrift für Katzenfreunde, Verbandszeitschrift des 1. DEKZV
> katzen. Hrsg. D.R.U.
> Geliebte Katze. Ein Herz für Tiere Media GmbH, München

## Katzen im Internet

> www.miau.de
> www.schmusekatzen.de
> www.mietzmietz.de
> www.katze-und-du.at

Information über giftige Pflanzen erhalten Sie unter:
> www.giftpflanzen.ch

## Portale für Tiermedizin

> www.tiermedizin.de
> www.smile-tierliebe.de
> www.ggtm.de

Zu den mit  markierten Seiten finden Sie Zusatzinfos hier: www.gu.de/blogs/zusatzinhalte/katzensprache

# DIE WERDEN SIE AUCH LIEBEN.

ISBN 978-3-8338-3592-6

ISBN 978-3-8338-8974-5

ISBN 978-3-8338-5220-6

ISBN 978-3-8338-9480-0

ISBN 978-3-8338-3641-1

ISBN 978-3-8338-7123-8

 Auch als eBook erhältlich.

Mehr von GU auf **gu.de**  |  ⭕ **gu.verlag**  |  **f** **gu.verlag**

© 2014
GRÄFE UND UNZER
VERLAG GmbH, Postfach 860366,
81630 München

GU ist eine eingetragene Marke der
GRÄFE UND UNZER VERLAG GmbH,
www.gu.de

Aktualisierte Neuausgabe von
Katzensprache, GRÄFE UND UNZER
VERLAG GmbH, 2008,
ISBN 978-3-8338-1166-1

ISBN 978-3-8338-3635-0

12. Auflage 2025

Printed in Germany

Alle Rechte vorbehalten. Nachdruck, auch auszugsweise, sowie
Verbreitung nur mit schriftlicher
Genehmigung des Verlages. Die
automatisierte Analyse des Werkes,
um daraus Informationen insbesondere über Muster, Trends und Kor-
relationen gemäß § 44b UrhG („Text
und Data Mining") zu gewinnen, ist
untersagt.

Projektleitung: Anita Zellner,
Cornelia Nunn
Lektorat: Christa Klus-Neufanger,
Gabriele Linke-Grün, Vanessa Lotz
Bildredaktion: Daniela Jelinek, Wal-
traud Flöter, Petra Ender (Cover)
Umschlaggestaltung und Layout:
independent Medien-Design,
Horst Moser, München
Herstellung: Claudia Labahn,
Alexandra Palmizi
Satz und Repro: Longo AG, Bozen
Druck und Bindung: Firmengruppe
APPl, aprinta druck, Wemding

## Die Autorin

**Dr. Helga Hofmann** studierte Bio-
logie, Chemie und Pädagogik mit
dem Schwerpunkt Zoologie, insbesondere Verhaltensforschung. Sie
ist Verfasserin mehrerer GU-Ratge-
ber zum Thema Katze und anderen
Natur- und Tierthemen.

## Die Fotografen

**Arco-Images:** U3-1, 14-3, 21-5, U5-2;
**Hermann Brehm:** 17-2; **Corbis:** 52;
**Tatjana Drewka:** 1; **F1-online:** 14-1;
**Getty-Images:** U1, U3-2, 22, 38, 40;
**Oliver Giel:** U4-1, U4-2, U4-3, 2, 3,
6, 9-1, 9-2, 10, 11, 14/15, 20-1, 20-2,
21-1, 32, 33, 39, 50, 51, 53-1, 53-2,
53-3, 55, 56, 58, U5-1, U6-2, U6-3,
U8-1, U8-2; **Juniors:** U2, 8, 12, 13,
15-2, 17-1, 18, 21-3, 25, 43-2, 59, U6;
**Okapia:** 15-3, 21-2; **Plainpicture:** 24,
31; **Ulrike Schanz:** 21-4, 28; **Birgit
Stanglmeier:** 16; **stock.adobe.com:**
U7; **Waldhäusl:** 15-1; **Jana Weichelt:**
4, 7, 14-2, 20-3, 26, 27-1, 27-2, 30-1,
30-2, 35-1, 35-2, 35-3, 35-4, 35-5, 36
37-1, 37-2, 37-3, 43-1, 43-3, 44, 45-1,
45-2, 46, 49-1, 49-2, 49-3, 49-4, 49-5,
54.

**Syndication:**
www.imageprofessionals.com

### LIEBE LESERINNEN UND LESER,

wir wollen Ihnen mit diesem Buch Informationen und Anregungen geben, um Ihnen das
Leben zu erleichtern oder Sie zu inspirieren,
Neues auszuprobieren. Wir achten bei der
Erstellung unserer Bücher auf Aktualität und
stellen höchste Ansprüche an Inhalt und
Gestaltung. Alle Anleitungen und Rezepte
werden von unseren Autoren, jeweils Experten
auf ihren Gebieten, gewissenhaft erstellt und
von unseren Redakteur*innen mit größter
Sorgfalt ausgewählt und geprüft.

Haben wir Ihre Erwartungen erfüllt? Sind
Sie mit diesem Buch und seinen Inhalten zufrieden? Wir freuen uns auf Ihre Rückmeldung.
Und wir freuen uns, wenn Sie diesen Titel
weiterempfehlen, in Ihrem Freundeskreis oder
bei Ihrem Online-Kauf.

Sollten wir Ihre Erwartungen so gar nicht
erfüllt haben, tauschen wir Ihnen Ihr Buch
jederzeit gegen ein gleichwertiges zum
gleichen oder ähnlichen Thema um.

### KONTAKT ZUM LESERSERVICE

GRÄFE UND UNZER VERLAG
Grillparzerstraße 12
81675 München
www.gu.de

## Umwelthinweis

Dieses Buch ist auf PEFC-zertifizier-
tem Papier aus nachhaltiger Wald-
wirtschaft gedruckt.